Martina Holzinger / Susanne Walter
Gabi Karte / Christine Seeser

Klassische Musik in der Grundschule

**Praxiserprobte Stundenbilder
mit Kopiervorlagen**

GRATIS-DOWNLOADS
für das Fach Musik

Sichern Sie sich 3 fertig ausgearbeitete Unterrichtsideen für Ihren Musikunterricht!

 Download der Gratis-Materialien unter
www.auer-verlag.de/06452DK1

Für Lukas

8. Auflage 2025
© Auer Verlag
AAP Lehrerwelt GmbH
Alle Rechte vorbehalten
Das Werk und seine Teile sind urheberrechtlich geschützt. Jede Nutzung in anderen als den gesetzlich zugelassenen Fällen bedarf der vorherigen schriftlichen Einwilligung des Verlages. Hinweis zu § 52 a UrhG: Weder das Werk noch seine Teile dürfen ohne eine solche Einwilligung eingescannt und in ein Netzwerk eingestellt werden. Dies gilt auch für Intranets von Schulen und sonstigen Bildungseinrichtungen. Zeichnungen: Hanni Wohofsky, Komponistenporträts sowie Illu auf S. 88/92: Corina Beurenmeister
Satz: Auer Buch + Medien GmbH, Donauwörth
Druck und Bindung: Korrekt Nyomdaipari Kft., Budapest
ISBN 978-3-403-03496-4

www.auer-verlag.de

Inhaltsverzeichnis

Vorwort 4

Übersicht über die Themen mit
didaktischen Schwerpunkten 5

Verzeichnis der Hörbeispiele auf der CD 6

1. Antonio Vivaldi 7
Frühlingslied „Tiritomba" 7
Musikhören: Die vier Jahreszeiten:
„Frühling" 11
Lernzielkontrolle 19

2. Leopold Mozart 21
Frühlingslied „Kuckuck, Kuckuck, ruft's aus
dem Wald" 21
Musikhören: Kindersinfonie 24
Lernzielkontrolle 30

3. Wolfgang Amadeus Mozart 32
Die Zauberflöte: „Der Vogelfänger bin ich ja"
(Text) 32
Musikhören: Die Zauberflöte:
„Der Vogelfänger bin ich ja" 40
Musikhören: Die Zauberflöte (Ausschnitte) . . 45
Lernzielkontrolle 54

4. Robert Schumann 56
Musikhören: Album für die Jugend:
„Wilder Reiter" 56
Kennenlernen des Klaviers 62
Lernzielkontrolle 68

5. Camille Saint-Saëns 70
Gestalten einer Klanggeschichte 70
Musikhören: Karneval der Tiere:
„Der Elefant" und „Aquarium" 75
Lernzielkontrolle 85

6. Peter Iljitsch Tschaikowsky 87
Musikhören: Der Nussknacker:
„Blumenwalzer" 87
Tanzen zum Blumenwalzer 93
Lernzielkontrolle 96

7. Engelbert Humperdinck 98
Musikhören: Hänsel und Gretel
(Ausschnitte) 98
Tanzlied: „Brüderchen, komm tanz mit mir" . . 107
Lernzielkontrolle 113

8. Richard Strauss 115
Vertonung der Geschichte:
„Wie die Sonne in das Land Malon kam" . . . 115
Szenische Darstellung der Geschichte:
„Wie die Sonne in das Land Malon kam" . . . 119
Musikhören: „Also sprach Zarathustra" 122
Lernzielkontrolle 132

9. Arthur Honegger 134
Sprechstück von der Eisenbahn 134
Musikhören: „Pacific 231" 139
Lernzielkontrolle 146

10. Carl Orff 148
Liederarbeitung: „Bim – bam, die Glocke
schwingt" 148
Instrumentalbegleitung zum Lied
„Bim – bam, die Glocke schwingt" 152
Musikhören: „Bim – bam, die Glocke
schwingt" 159
Lernzielkontrolle 166

Vorwort

Die Stundenbilder im vorliegenden Buch „Vivaldi & Co." eignen sich sehr gut für den Einsatz in den Jahrgangsstufen eins und zwei, können aber auch – mit entsprechend weniger zeitlichem Aufwand – für die Jahrgangsstufen drei und vier verwendet werden. Deshalb wurde darauf verzichtet, einen genauen zeitlichen Rahmen vorzugeben. Wie schon im ersten Band „Mozart & Co." werden auch hier Musikstücke aus verschiedenen Epochen der Musikgeschichte (17.–20. Jahrhundert) meist in Ausschnitten vorgestellt. In den Musikhörstunden werden die Schüler durch kindgerechte Höraufträge und abwechslungsreiche Übungen zum bewussten Hören und aktiven Auseinandersetzen mit der Musik geführt.

Die Information zu dem Komponisten jedes Werks kann vom Lehrer entweder frei erzählt oder vorgelesen werden und dementsprechend im Unterricht länger oder kürzer ausgestaltet sein. Zu jeder Musikhörstunde werden ein oder zwei Unterrichtseinheiten angeboten, deren Inhalte in engem Zusammenhang mit dem eigentlichen Werk stehen. Diese Einheiten beziehen alle Bereiche des Musikunterrichts, so wie es der aktuelle Musiklehrplan fordert, ein: Liederarbeitung, Spielen auf Orff-Instrumenten, Umsetzen von Musik in Bewegung, Erarbeiten eines Sprechstücks usw. Eine Übersicht mit didaktischen Schwerpunkten finden Sie auf der folgenden Seite.

Die auf der gleichnamigen CD zusammengestellten Hörbeispiele umfassen sowohl die Werke an sich bzw. bestimmte Ausschnitte daraus als auch Geräusche, Tierstimmen und Instrumentalfassungen von Liedern. Dadurch wird die jeweilige Liederarbeitung erleichtert.

Die Stundenbilder können von jeder Lehrerin/jedem Lehrer ohne spezielles Vorwissen direkt übernommen werden. Jeder Unterrichtseinheit sind alle nötigen Kopiervorlagen für Arbeitsblätter, Folien, Bilder und Lernzielkontrollen beigefügt.

Viel Spaß beim Musikhören und Musizieren!

Martina Holzinger
Susanne Walter
Gabi Karte
Christine Seeser

Übersicht über die Themen mit didaktischen Schwerpunkten

Komponist	Thema	didaktischer Schwerpunkt
Antonio Vivaldi (1678–1741)	Die vier Jahreszeiten: „Frühling" (Allegro)	Musikhören und Liederarbeitung, Kennenlernen der Geige
Leopold Mozart (1719–1787)	Kindersinfonie (Allegro)	Musikhören und Liederarbeitung
Wolfgang Amadeus Mozart (1756–1791)	Die Zauberflöte	Musikhören und -erfinden (Glissando), Kennenlernen der Panflöte
Robert Schumann (1810–1856)	Album für die Jugend: „Wilder Reiter"	Musikhören und rhythmische Umsetzung, Kennenlernen des Klaviers
Camille Saint-Saëns (1835–1921)	Karneval der Tiere: „Der Elefant" und „Aquarium"	Musikhören und Gestalten einer Klanggeschichte
Peter Iljitsch Tschaikowsky (1840–1893)	Der Nussknacker: „Blumenwalzer"	Musikhören und Tanzen
Engelbert Humperdinck (1854–1921)	Hänsel und Gretel	Musikhören und Gestalten eines Tanzliedes
Richard Strauss (1884–1949)	Also sprach Zarathustra	Musikhören und Gestalten einer musikalischen Spielszene
Arthur Honegger (1892–1955)	„Pacific 231"	Musikhören und Gestalten eines Sprechstücks
Carl Orff (1895–1982)	„Bim – bam, die Glocke schwingt"	Musikhören und Liederarbeitung mit Instrumentalbegleitung

Verzeichnis der Hörbeispiele auf der CD „Vivaldi & Co."

Alle Hörbeispiele aus den Stundenbildern liegen auf einer CD vor (Best.-Nr. 03497-6):

Nr.	Komponist	Werk/Titel (Ausschnitte)	Länge
1.		Lied: „Tiritomba" (instrumental)	2:00
2.		Vogelgezwitscher	0:42
3.		Quellengeräusch	0:40
4.		Gewittergeräusch	0:44
5.	A. Vivaldi	Die vier Jahreszeiten: „Der Frühling/Allegro" (Anfang)	0:33
6.	A. Vivaldi	Die vier Jahreszeiten: „Der Frühling/Allegro" (Vögelmotiv)	0:36
7.	A. Vivaldi	Die vier Jahreszeiten: „Der Frühling/Allegro" (Quellenmotiv)	0:24
8.	A. Vivaldi	Die vier Jahreszeiten: „Der Frühling/Allegro" (Gewittermotiv)	0:29
9.	A. Vivaldi	Die vier Jahreszeiten: „Der Frühling/Allegro"	2:27
10.		echter Kuckucksruf	0:13
11.		Lied: „Kuckuck, Kuckuck, ruft's aus dem Wald" (instrumental)	0:38
12.	L. Mozart	Kindersinfonie/Allegro (längerer Ausschnitt)	1:02
13.	L. Mozart	Kindersinfonie/Allegro (kürzerer Ausschnitt)	0:29
14.		Vogelgezwitscher	0:41
15.		5 Glissandi auf der Panflöte	0:04
16.	W. A. Mozart	Die Zauberflöte: „Der Vogelfänger bin ich ja" (Papageno)	1:20
17.	W. A. Mozart	Die Zauberflöte: „Der Hölle Rachen kocht in meinem Herzen" (Königin der Nacht)	1:28
18.	W. A. Mozart	Die Zauberflöte: „Dies Bildnis ist bezaubernd schön" (Tamino)	0:53
19.		schneller Pferdegalopp	0:20
20.		langsames Pferd	0:20
21.	R. Schumann	Album für die Jugend: „Wilder Reiter"	0:33
22.	R. Schumann	Album für die Jugend: „Wilder Reiter" (höhere Töne)	0:08
23.	R. Schumann	Album für die Jugend: „Wilder Reiter" (tiefere Töne)	0:08
24.	C. Saint-Saëns	Karneval der Tiere: „Der Elefant"	1:18
25.	C. Saint-Saëns	Karneval der Tiere: „Aquarium"	2:25
26.	P. I. Tschaikowsky	Der Nussknacker: „Blumenwalzer" (kürzerer Ausschnitt)	1:15
27.	P. I. Tschaikowsky	Der Nussknacker: „Blumenwalzer" (längerer Ausschnitt)	2:25
28.	E. Humperdinck	Hänsel und Gretel: „Brüderchen, komm tanz mit mir" (Hänsel und Gretel/Tanz)	1:18
29.	E. Humperdinck	Hänsel und Gretel: „Halt! – Hokus pokus, Hexenschuss" (Hexe)	1:23
30.	E. Humperdinck	Hänsel und Gretel: „Juchei! Nun ist die Hexe tot!" (Hänsel und Gretel)	1:05
31.		Lied: „Groß ist die Sonne" (instrumental)	0:35
32.	R. Strauss	„Also sprach Zarathustra"	1:19
33.		anfahrende Dampflokomotive	1:32
34.	A. Honegger	„Pacific 231"	2:12
35.		Glockengeläut (große Glocken)	0:40
36.		Glockengeläut (kleines Glöckchen)	0:37
37.	C. Orff	Lied: „Bim – bam, die Glocke schwingt" (instrumental)	0:18
38.	C. Orff	Lied: „Bim – bam, die Glocke schwingt" (1. Teil)	0:39
39.	C. Orff	Lied: „Bim – bam, die Glocke schwingt" (Kanon)	0:30
40.	C. Orff	Lied: „Bim – bam, die Glocke schwingt" (2. Teil einschl. Kanon)	0:45
41.	C. Orff	Lied: „Bim – bam, die Glocke schwingt" (gesamt)	1:26

1. Antonio Vivaldi

Frühlingslied „Tiritomba"

LERNZIELE: – Lernen des Liedes „Tiritomba"
– Unterscheiden von Refrain und Strophe
– Ausgestaltung des Liedes mit Körperinstrumenten und Bewegung

MATERIAL: Folie 1, Arbeitsblatt (≙ Folie 2), evtl. 1 Glockenspiel, Hörbeispiel 1

HINWEISE: – Zu dieser Unterrichtseinheit ist kein Tafelbild vorgesehen.
– Um das Lied mit Körperinstrumenten und Bewegung ausgestalten zu können, sollten die Schüler den Liedtext vorher auswendig lernen.

Unterrichtsverlauf

Einstimmung

Lehrer deckt Folie 1 auf.
Schüler benennen Jahreszeiten und entsprechende Merkmale.
Lehrer deutet auf Frühlingssegment des Jahreszeitenbaumes.
Schüler erkennen „Frühling" und äußern sich dazu.
Zielangabe: „Wir lernen heute ein italienisches Volkslied. Es heißt ‚Tiritomba'. In unserem deutschen Text wird der Frühling besungen."

Liederarbeitung

Strophen

Lehrer teilt Arbeitsblatt aus.
Schüler erlesen Text abschnittsweise.
Impuls: „Im Frühling kannst du bestimmte Dinge in der Natur beobachten."
Hilfsimpuls: Lehrer gibt Hinweis auf eingerahmte Wörter im Liedtext auf Arbeitsblatt. Schüler benennen und markieren eingerahmte Schlüsselwörter „Sonnenstrahlen, Winde, Blitz und Donner, Zwitschern, Frühlingssingen, Knospen, Gräser, Blumen, klare Quellen" farbig.

Refrain

Impuls: „Zwei Zeilen wiederholen sich, damit rufen wir den Frühling."
Hilfsimpuls: „Die Blumen zeigen dir die Zeilen."
Schüler erkennen Refrain: „Tiritomba, Tiritomba, Frühling komm doch …"
Lehrerinformation: „Reime, die sich zwischen den einzelnen Strophen wiederholen, nennt man Kehrreim (= Refrain). Die Sonnen am linken Rand deines Arbeitsblattes zeigen dir den Kehrreim."
Arbeitsauftrag: „Male sie aus und lies den Kehrreim leise durch!"
Schüler malen die drei Sonnen, die auf dem Arbeitsblatt links den Refrain kennzeichnen, aus.

Melodie

Lehrer studiert Melodie abschnittsweise mithilfe von Hörbeispiel 1 ein.
Zur Unterstützung können die Tonhöhen mit der Hand mitgedeutet werden.

Im vorletzten Takt verweist der Lehrer bei „reich uns" auf den Tonsprung beim Martinshorn eines Feuerwehrautos.
Schüler üben Sprung auf „ta-tü".
Lehrer spielt „e"-„a" evtl. auf Glockenspiel zur Unterstützung mit.

Ausgestaltung

- *mit Körperinstrumenten*
  Schüler klatschen beim Refrain auf jeder Viertelnote (= x im Melodieverlauf)
- *mit Bewegung*
  Aufstellung im offenen Kreis

 Schüler gehen im Uhrzeigersinn im Kreis.

 Schüler gehen gegen Uhrzeigersinn im Kreis.

 Schüler gehen zur Kreismitte.

 Schüler gehen rückwärts in Kreisaufstellung zurück.

Hinweis: Die Klasse kann auch in eine Sing- und in eine Tanzgruppe geteilt werden.

2. Schaut der Dachs aus seiner Höhle halb verschlafen,
   's ist der Winterschlaf vorbei.
   Ja, er hört das Zwitschern und das Frühlingssingen,
   alle rufen ihn herbei.

   Tiritomba, tiritomba, Frühling komm doch übers Land!
   Tiritomba, tiritomba, Frühling reich uns deine Hand!

3. Viele Knospen, frische Gräser, bunte Blumen,
   's ist der Winterschlaf vorbei.
   Klare Quellen schenken wieder neues Leben,
   alle rufen ihn herbei.

   Tiritomba, tiritomba, Frühling komm doch übers Land!
   Tiritomba, tiritomba, Frühling reich uns deine Hand!

Folie 1

| NAME: | KLASSE: | DATUM: | **Arbeitsblatt** ≙ Folie 2 |

Tiritomba

Text und Musik: Trad. aus Italien
Dt. Text und Satz: Lorenz Maierhofer
© Helbling, Innsbruck–Esslingen–Bern/Belp

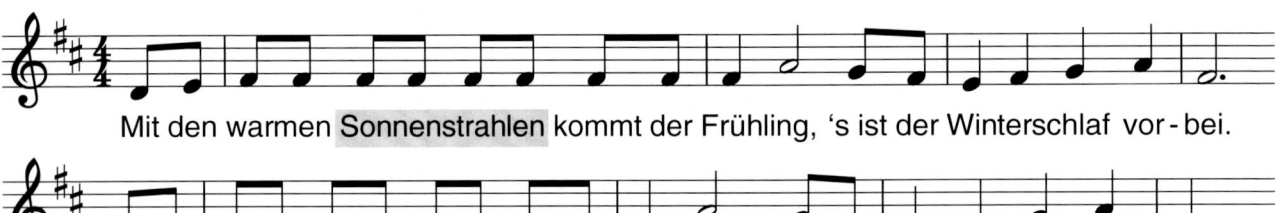

Mit den warmen Sonnenstrahlen kommt der Frühling, 's ist der Winterschlaf vorbei.
Warme Winde und der erste Blitz und Donner, alle rufen ihn herbei.
Ti-ri-tom-ba, ti-ri-tom-ba, Frühling komm doch übers Land!
Ti-ri-tom-ba, ti-ri-tom-ba, Frühling reich uns deine Hand!

2. Schaut der Dachs aus seiner Höhle halb verschlafen,
's ist der Winterschlaf vorbei.
Ja, er hört das Zwitschern und das Frühlingssingen,
alle rufen ihn herbei.

※ Tiritomba, tiritomba, Frühling komm doch übers Land!
※ Tiritomba, tiritomba, Frühling reich uns deine Hand!

3. Viele Knospen, frische Gräser, bunte Blumen,
's ist der Winterschlaf vorbei.
Klare Quellen schenken wieder neues Leben,
alle rufen ihn herbei.

※ Tiritomba, tiritomba, Frühling komm doch übers Land!
※ Tiritomba, tiritomba, Frühling reich uns deine Hand!

Musikhören: Die vier Jahreszeiten: Frühling
Antonio Vivaldi

LERNZIELE:
- Begegnung mit dem Komponisten Antonio Vivaldi
- Heraushören einzelner Motive und Zuordnen von Bildern
- Kennenlernen und Heraushören der Geige
- Wiedergabe von Höreindrücken und Empfindungen

MATERIAL: Folie 1 aus 1. Unterrichtseinheit, Porträt von Antonio Vivaldi, 3 Bilder für die Tafel, Arbeitsblatt (≙ Folie), Hörbeispiel 1–9

Unterrichtsverlauf

Anknüpfung

Schüler wiederholen das Frühlingslied „Tiritomba" mithilfe von Hörbeispiel 1 oder 2.

Einstimmung

Hörrätsel: Lehrer spielt Hörbeispiele 2, 3 und 4 einzeln vor.
Schüler erkennen die drei Geräusche „Vögel", „Quelle" und „Gewitter".

Impuls: „Die gehörten Geräusche passen zu einer bestimmten Jahreszeit!"

Hilfsimpuls: Lehrer legt Folie 1 (Jahreszeitenbaum) aus 1. Unterrichtseinheit auf.
Schüler nennen: „Frühling".

Begegnung mit Komponisten und Werk

Impuls: Lehrer heftet Porträt von Antonio Vivaldi an Tafel.
Schüler beschreiben das Bild.
Lehrer schreibt *„Antonio Vivaldi"* an Tafel und gibt Information über den Komponisten.

> **Information zu Antonio Vivaldi**
>
> Antonio Vivaldi wurde am 4. März 1678 in Venedig geboren. Sein Vater war Orchestergeiger und brachte Antonio schon als Kind das Geigenspielen bei. Mit 14 Jahren trat Antonio in die Priesterlaufbahn ein. Ab 1703 unterrichtete er als Geigenlehrer viele Jahre lang in einem christlichen Mädchenheim. Der „rote Priester", wie man ihn wegen seiner roten Haare nannte, wurde rasch berühmt. Er komponierte sehr schnell, für ein Concerto brauchte er einen Tag, eine Oper schaffte er in einer Woche. Später nahm sein Ansehen ab, der venezianische Musikgeschmack hatte sich verändert.
> Antonio Vivaldi starb verarmt 1741 in Wien. Erst im letzten Jahrhundert wurden viele seiner Werke wiederentdeckt. Am bekanntesten sind die vier Violinkonzerte „Die vier Jahreszeiten", die 1725 veröffentlicht wurden.

Zielangabe: „Wir hören einen Ausschnitt aus den ‚Vier Jahreszeiten'."
Lehrer schreibt *„Die vier Jahreszeiten"* an Tafel.

1. Hörauftrag: „Versuche herauszuhören, zu welcher Jahreszeit die Musik passt! Schließe dabei die Augen!"
Lehrer spielt Hörbeispiel 5 vor.
Schüler vermuten und begründen.
Lehrer notiert *„Der Frühling"* an Tafel.

2. Hörauftrag: „Du hörst drei Musikbeispiele. Vivaldi wollte die Dinge, die du im Frühling erleben kannst, mit seiner Musik darstellen. Höre heraus, was gemeint sein könnte!"
Lehrer spielt nacheinander Hörbeispiele 6, 7 und 8 vor.
Schüler äußern sich frei, nennen z. B. „Wind, Vögel, Wasserfall, Gewitter, …"

Werkbetrachtung

Impuls: Lehrer heftet drei Bilder ungeordnet an Tafel.
„Vivaldi hat das Plätschern der Quelle, den Donner des Gewitters und das Gezwitscher der Vögel musikalisch ausgedrückt."

3. Hörauftrag: „Ordne jedem Musikausschnitt das passende Bild zu!"
Lehrer spielt nochmals Hörbeispiele 6, 7, 8 vor.
Schüler heften Bilder in richtiger Reihenfolge an die Tafel.

Lösung: Vögel, Quelle, Gewitter.

Impuls: „Du kannst jedes Bild mit einer passenden Handbewegung darstellen."
z. B. „Vögel": „Schnabelbewegungen" mit Daumen und Zeigefinger.
 „Quelle": Wellenbewegung mit der Hand.
 „Gewitter": Zickzackbewegung mit der Hand.

4. Hörauftrag: „Im folgenden Musikausschnitt kannst du unsere drei Bilder „wiederfinden". Mache die passende Handbewegung, wenn du sie erkennst!"
Lehrer spielt Hörbeispiel 9 vor.
Schüler deuten bei Vögel-, Quelle- und Gewittermotiv mit der Hand entsprechend mit.

5. Hörauftrag: Lehrer deckt Folie oben (3 Instrumentengruppen) auf.
„Du hörst eine der abgebildeten Instrumentengruppen besonders deutlich. Zeige mir die Bildnummer mit der Hand an!"
Lehrer spielt Hörbeispiel 5 vor.
Schüler erkennen „Geigen" und zeigen mit der Hand Nr. 2 an.
Lehrer rahmt *„Geigen"* auf Folie ein und streicht „Triangeln" und „Trommeln" durch.

Lehrer deckt Folie ganz auf.

Impuls: „Wichtige Teile der Geige heißen so ähnlich wie Teile des menschlichen Körpers!"
Schüler vermuten …
Lehrer trägt auf Folie „Körper, Hals, Wirbel", ein und erklärt restliche Teile der Geige.
Schüler ergänzen Wörter auf Arbeitsblatt.
Lehrer und Schüler ergänzen Lückensatz.

6. Hörauftrag: „Wir sind nun die Geiger im Orchester! Spiele die Geige in der Luft mit, sobald du sie hörst!"
Lehrer spielt Hörbeispiel 9 vor.
Schüler spielen pantomimisch mit und erkennen, dass die Geigen *immer* zu hören sind.

Zusammenfassung/Wertung

Impuls: „Im Lied ‚Tiritomba' und in Vivaldis Musik geht es um den Frühling. Vergleiche!"
Schüler sprechen über Höreindrücke und vergleichen.
– „Tiritomba" und „Frühling" sind aus Italien, haben drei gemeinsame Motive (Vögel, Quelle, Gewitter).
– „Tiritomba" wird gesungen, klingt lustig, heiter, fröhlich, …
– „Frühling" wird vom Orchester gespielt, klingt feierlich, …

Tafelbild

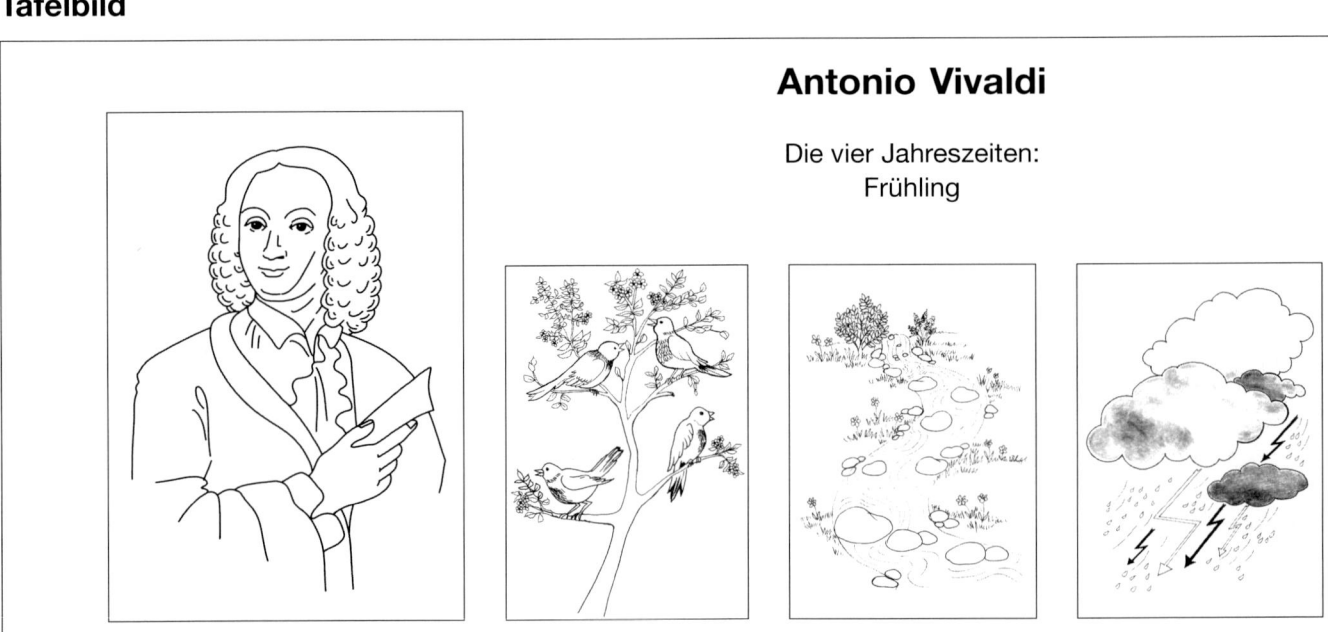

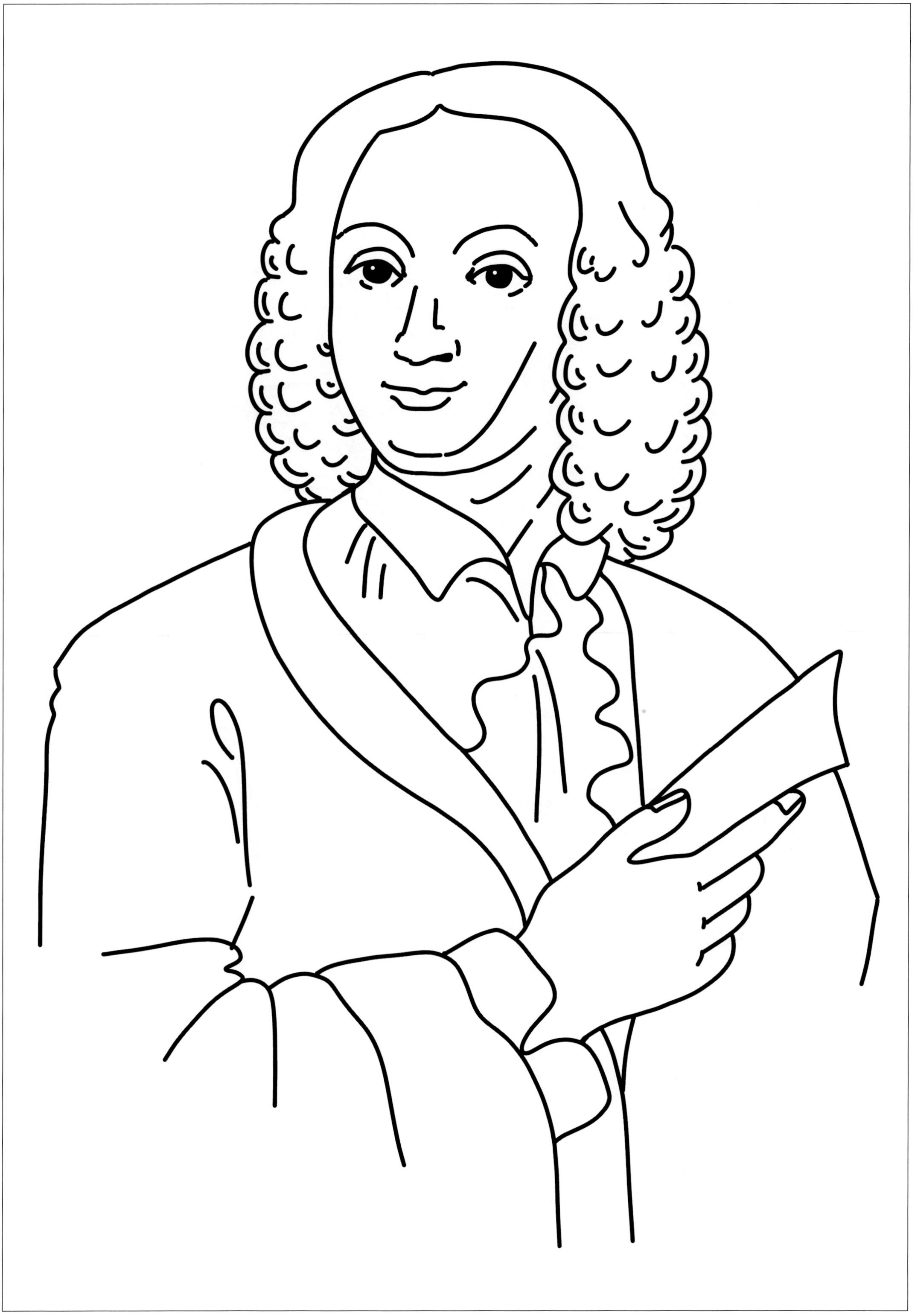

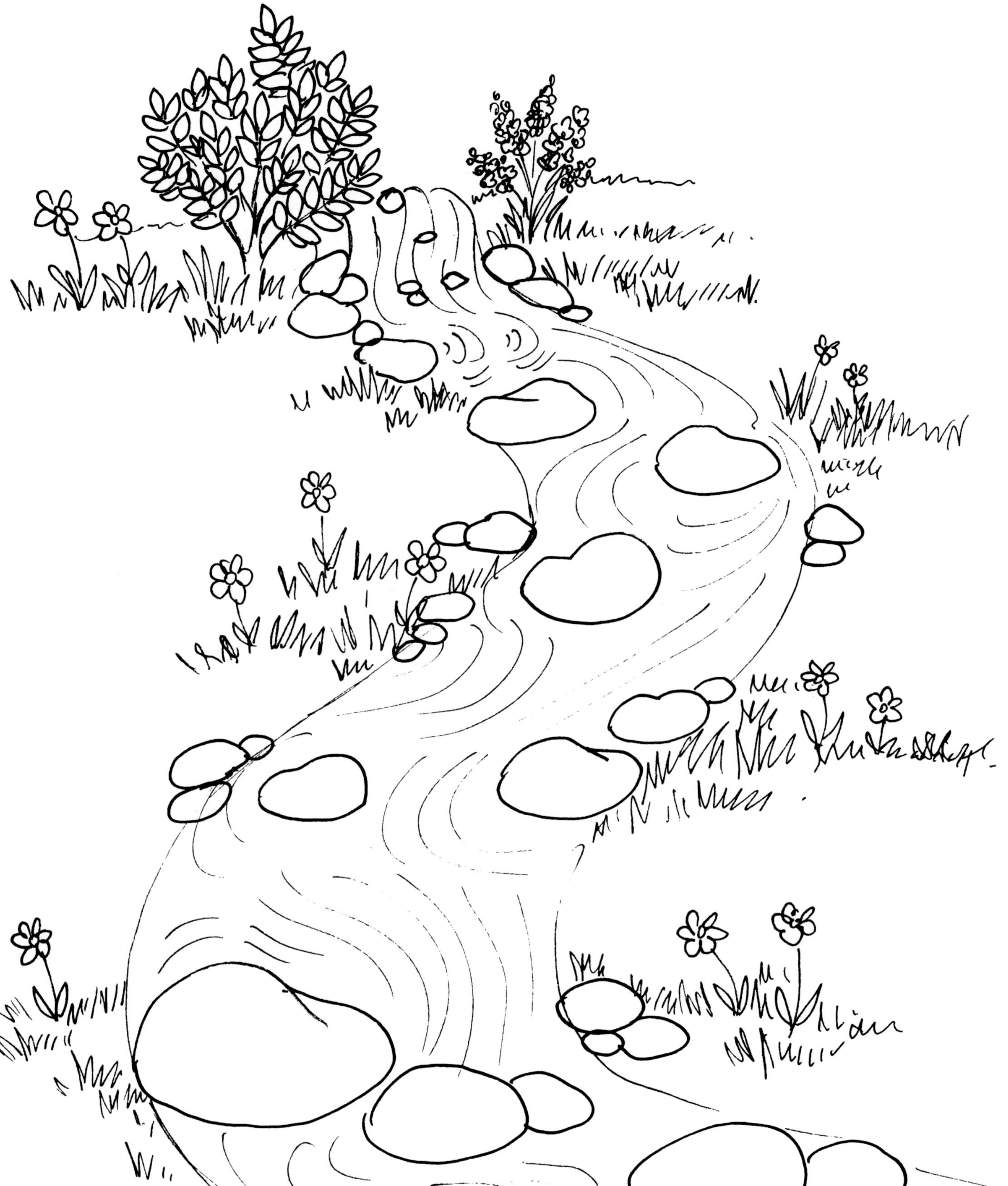

16

| NAME: | KLASSE: | DATUM: | **Arbeitsblatt** ≙ Folie |

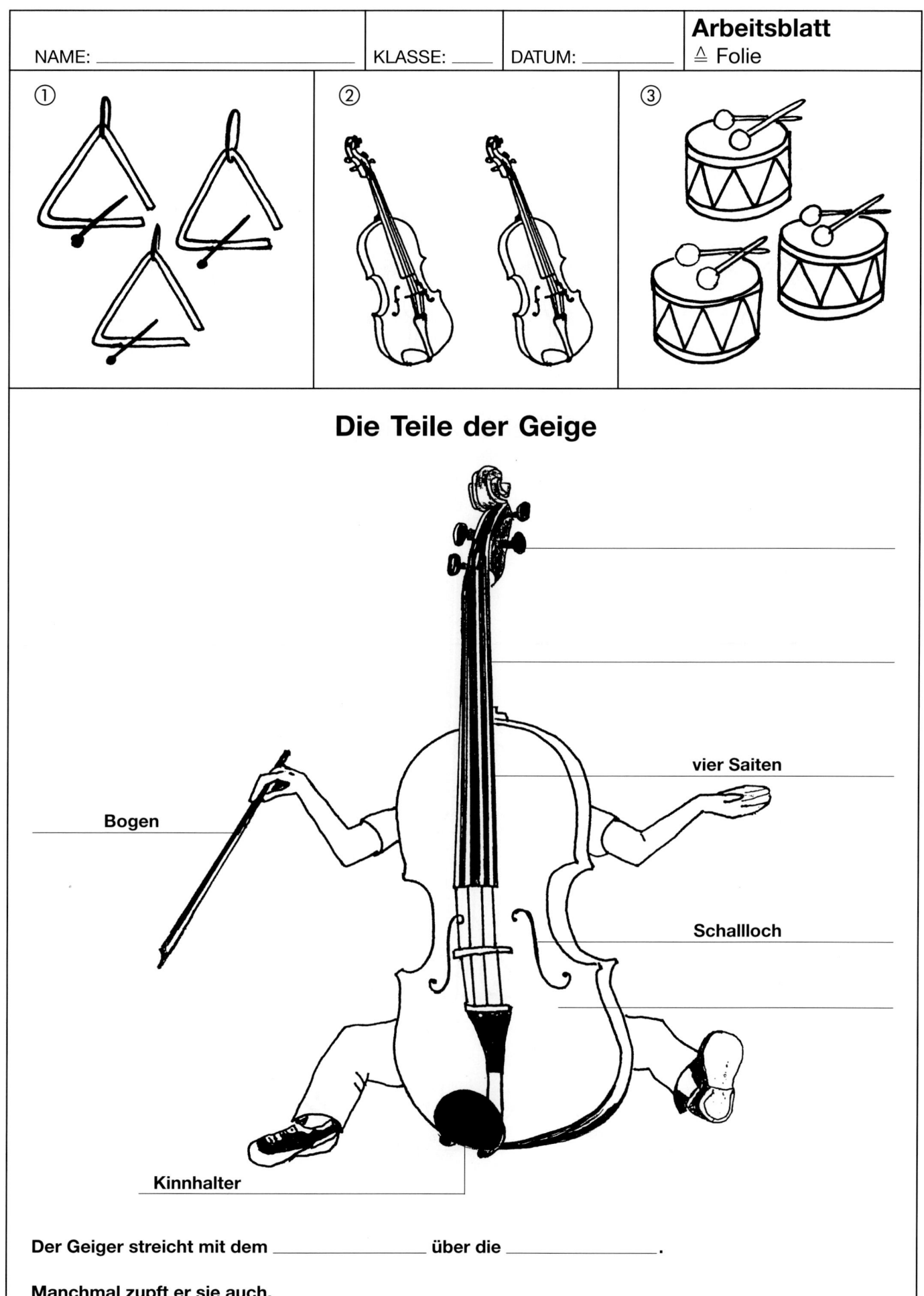

① ② ③

Die Teile der Geige

vier Saiten

Bogen

Schallloch

Kinnhalter

Der Geiger streicht mit dem _____ über die _____.

Manchmal zupft er sie auch.

NAME:	KLASSE:	DATUM:	**Arbeitsblatt** ≙ Folie/Lösungsblatt

① 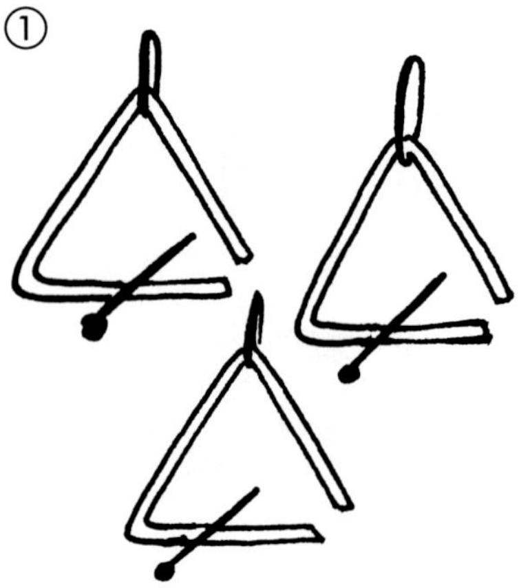 ②  ③

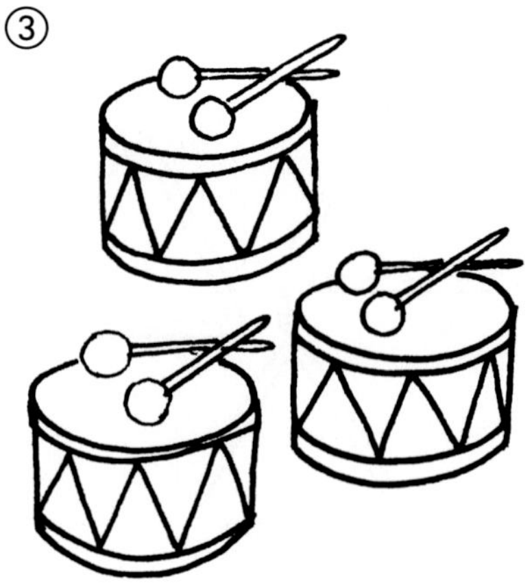

Die Teile der Geige

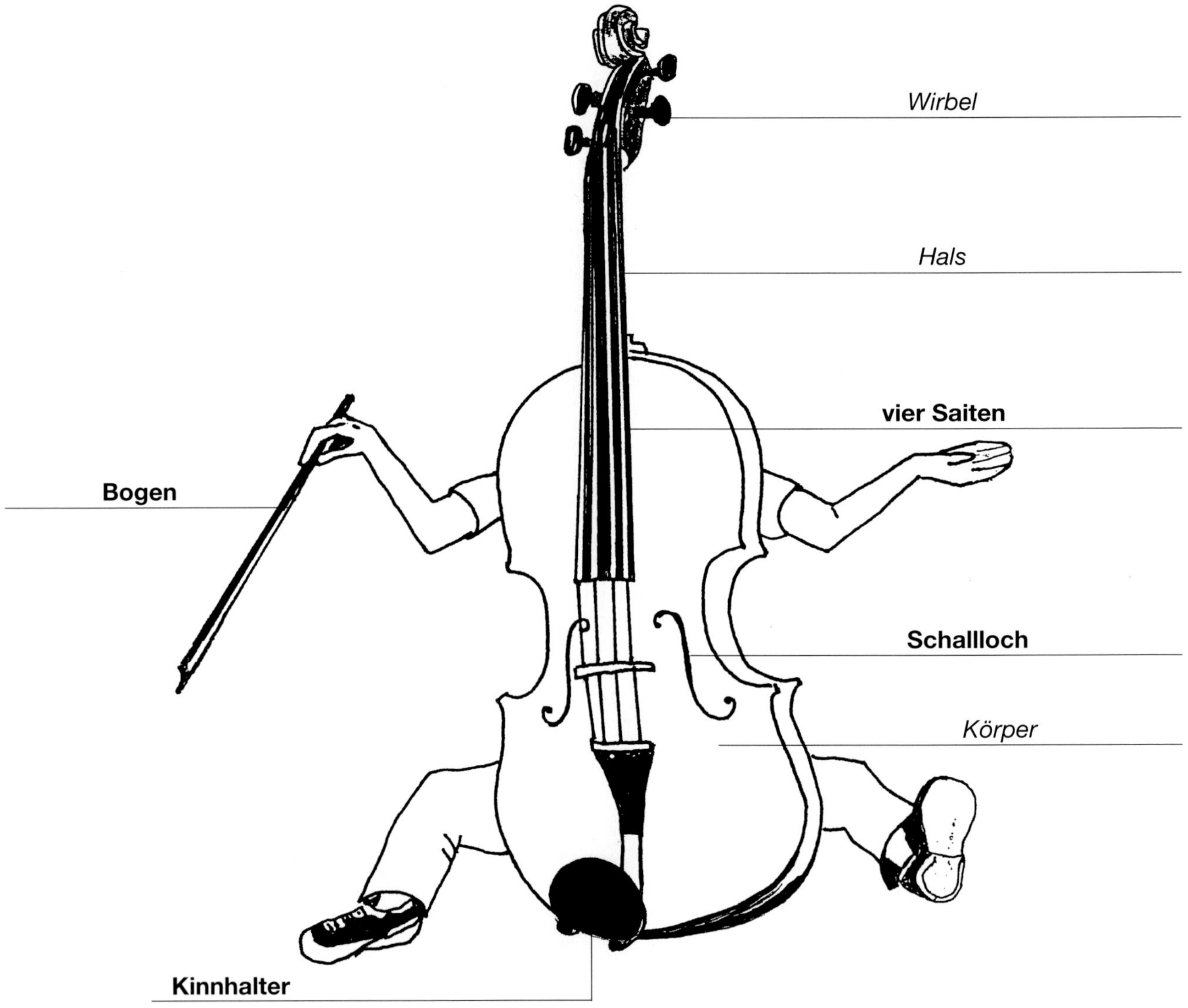

Wirbel

Hals

vier Saiten

Bogen

Schallloch

Körper

Kinnhalter

Der Geiger streicht mit dem *Bogen* **über die** *Saiten* **.**

Manchmal zupft er sie auch.

NAME: _____ KLASSE: _____ DATUM: _____ **Lernzielkontrolle**

① **Antonio Vivaldi komponierte „Die vier Jahreszeiten".**
Welchen Ausschnitt kennst du? Male die richtige Blume aus!

② **Wer spielt die Geige? Kreuze an!**

☐   ☐   ☐   ☐

③ **Schneide die Stücke der Geige aus und klebe sie richtig zusammen!**

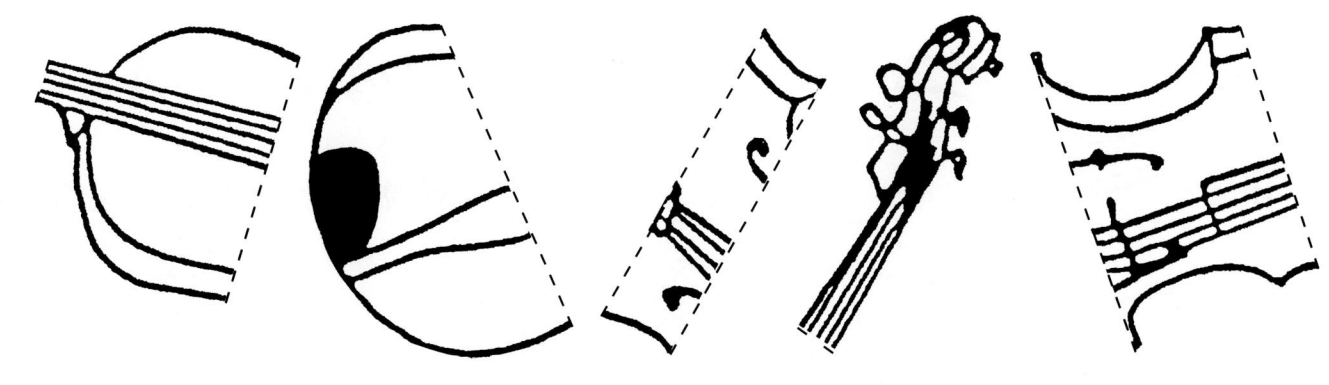

Lernzielkontrolle
Lösungsblatt

NAME: _____ KLASSE: ____ DATUM: _____

① **Antonio Vivaldi komponierte „Die vier Jahreszeiten".
Welchen Ausschnitt kennst du? Male die richtige Blume aus!**

② **Wer spielt die Geige? Kreuze an!**

☐ ☐ ☒ ☐

③ **Schneide die Stücke der Geige aus und klebe sie richtig zusammen!**

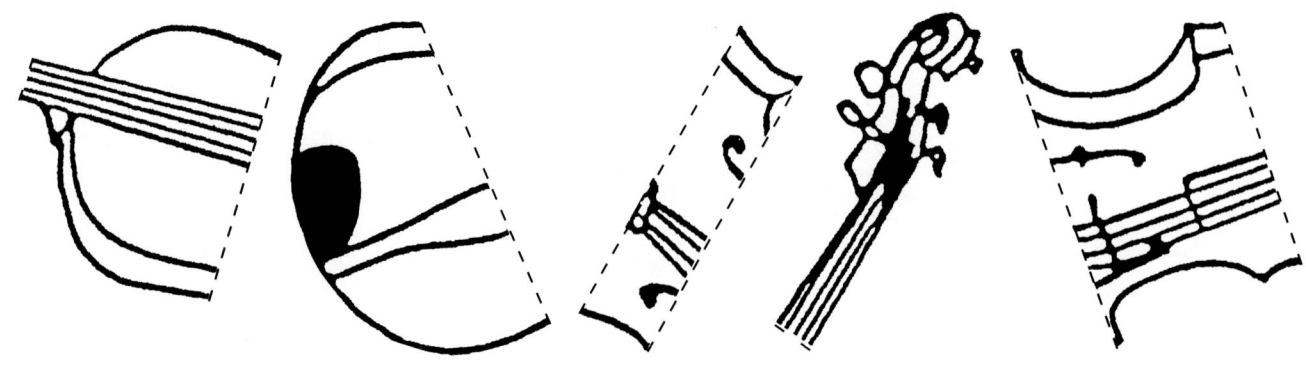

2. Leopold Mozart

Frühlingslied „Kuckuck, Kuckuck, ruft's aus dem Wald"

LERNZIELE: – Lernen des Liedes „Kuckuck, Kuckuck, ruft's aus dem Wald"
– Singen und Spielen der Rufterz
– Heraushören von Rufterzen

MATERIAL: – Arbeitsblatt (△ Folie), ein Ball,
1 Glockenspiel für Lehrer,
verschiedene Stabspiele (Glockenspiele, Xylophone, Metallophone),
Hörbeispiele 10, 11

HINWEIS: Zu dieser Unterrichtseinheit ist kein Tafelbild vorgesehen.

Unterrichtsverlauf

Einstimmung

Lehrer spielt Rufterz auf Glockenspiel vor:

Impuls: „Diese Töne hast du bestimmt schon einmal gehört."
Schüler antworten: „An einer Türklingel, bei einer Kuckucksuhr, im Wald, …"

Impuls: „So ruft der Kuckuck. Über ihn weißt du vielleicht noch mehr."
Schüler erzählen: „Er lebt im Wald, er legt seine Eier in fremde Nester, …"
Lehrer gibt Sachinformation über den Kuckuck:
„Der Kuckuck ist ein ungewöhnlicher Vogel. Er ruft seinen eigenen Namen und legt seine Eier in die Nester anderer Vögel. Diese brüten sie dann für ihn aus."

Zielangabe: „Wir lernen heute das Lied ‚Kuckuck, Kuckuck, ruft's aus dem Wald'."

Liederarbeitung

Lehrer spielt Hörbeispiel 10 vor.

Impuls: „Du kannst den Kuckucksruf mit deiner Stimme nachmachen."
Einzelne Schüler rufen nacheinander „Kuckuck" und werfen sich dabei gegenseitig einen Ball zu (evtl. im Kreis).

Impuls: „Du lernst nun den Text unseres Liedes kennen."
Lehrer teilt Arbeitsblatt aus.
Schüler erlesen Text und äußern sich dazu.
Texterklärung zu: „Frühling, Frühling, stelle dich ein": Der Kuckuck ist ein Frühlingsbote, er singt als einer der ersten Vögel im Frühjahr."
Lehrer übt – evtl. unterstützt durch Hörbeispiel 11 (instrumental) – das Lied: „Kuckuck, …" mit den Schülern ein.

Arbeitsauftrag: „Du hast den Kuckuck auch in unserem Lied gehört. Kreise die passenden Wörter ein!"
Schüler benennen „Kuckuck, Kuckuck" und kreisen auf dem Arbeitsblatt die Wörter in der 1. und 2. Strophe ein.
Kontrolle auf Folie.

Impuls: „Der Kuckucksruf ist noch in einem anderen Wort versteckt."
Schüler benennen „Frühling, Frühling" und kreisen auf dem Arbeitsblatt die Wörter in der 1. und 2. Strophe ein.
Kontrolle auf Folie.

Impuls: „Die beiden Kuckucksrufe unterscheiden sich voneinander."
Lehrer singt „Kuckuck – Kuckuck" (kurz – kurz) und
„Frühling – Frühling" (lang – kurz) betont vor.
Schüler erkennen, dass bei „Frühling" die erste Silbe länger gesungen wird und klatschen abwechselnd „Kuckuck" und „Frühling".

Arbeitsauftrag: „Klatsche deinem Partner abwechselnd ‚Kuckuck, Kuckuck' (kurz – kurz) und ‚Frühling, Frühling' (lang – kurz) vor! Schüler führen Partnerübung aus.
Dein Partner rät, welches Wort du geklatscht hast!"

Impuls: „Wir können beim Singen die Kuckucksrufe mitklatschen!"
Schüler singen gemeinsam das Lied und klatschen bei „Kuckuck" und „Frühling" entsprechend.

Erarbeitung der Rufterz

Impuls: „Du hörst noch einmal den Kuckucksruf."
Arbeitsauftrag: „Finde heraus, welcher der beiden Töne unseres Kuckucksrufs höher klingt! Deute mit der Hand mit!"
Lehrer spielt auf senkrecht gehaltenem Glockenspiel die beiden Töne „c" und „a" mehrmals vor.
Schüler deuten mit und erkennen, dass der erste Ton höher ist als der zweite.
Impuls: „Auf unserem Liedblatt siehst du verschiedene Bilder."
Arbeitsauftrag: „Singe deinem Nachbarn die Rufe vor! Kreuze dann den richtigen Kuckucksruf an! Streiche die falschen durch!"
Schüler erledigen Arbeitsauftrag und verbalisieren: „Der Kuckucksruf setzt sich aus einem hohen und einem tiefen Ton zusammen."
Kontrolle auf Folie. (Richtige Lösung: Bild 2)

Ausgestaltung des Liedes mit Stabspielen

Impuls: „Bevor wir das Lied singen, können wir den Kuckuck ‚rufen' lassen."
Arbeitsauftrag: „Suche ‚c' und ‚a' auf deinem Instrument und spiele den Kuckucksruf!" (evtl. Stäbe markieren bzw. nicht gebrauchte Stäbe herausnehmen).
Schüler verteilen sich auf Instrumente, restliche Schüler singen „Kuckuck, …".

Gestaltungsvorschlag

Vorspiel:	Stabspiele spielen viermal hintereinander „c – a", dann Singen der 1. Strophe.
Zwischenspiel:	Stabspiele spielen viermal hintereinander „c – a", dann Singen der 2. Strophe.
Nachspiel:	Stabspiele spielen viermal hintereinander „c – a", werden dabei aber immer leiser.

| NAME: | KLASSE: | DATUM: | **Arbeitsblatt** ≙ Folie |

Kuckuck, Kuckuck, ruft's aus dem Wald

Text: Hoffmann von Fallersleben

1. Ku-ckuck, Ku-ckuck, ruft's aus dem Wald.
Las-set uns sin-gen, tan-zen und sprin-gen!
Früh-ling, Früh-ling, wird es nun bald!

2. Kuckuck, Kuckuck lässt nicht sein Schrei'n:
„Kommt in die Felder, Wiesen und Wälder!
Frühling, Frühling, stelle dich ein!"

Kreuze den richtigen Kuckucksruf an! Streiche die falschen durch!

Musikhören: Kindersinfonie
Leopold Mozart

LERNZIELE:
- Begegnung mit dem Komponisten Leopold Mozart
- Bewusstes Hören des Kuckucksrufs
- Wiedergabe von Höreindrücken und Empfindungen zur gehörten Musik

MATERIAL:
- Familienbild mit Leopold Mozart, Folie, 2 Bilder für die Tafel
  Hörbeispiele 11, 12, 13.

Unterrichtsverlauf

Anknüpfung

Wiederholung des Liedes „Kuckuck, Kuckuck, ruft's aus dem Wald" (evtl. mithilfe von Hörbeispiel 11).

Hinführung

Tierratespiel: Lehrer deckt Tierbilder auf Folie auf (Eule, Specht, Amsel und Kuckuck).
Schüler benennen die Tiere.

Impuls: „Die Vögel machen bestimmte Töne und Geräusche."
Schüler antworten: „Der Specht klopft, der Kuckuck ruft, ..."

Impuls: „Unsere Stimme ist wie ein Instrument. Du kannst unsere Vögel mit deiner Stimme nachmachen."
Schüler pfeifen wie die Amsel und rufen wie die Eule „uuu-huuuuu", sprechen „tok, tok, tok" wie der Specht und rufen den Kuckucksruf.

Zielangabe: „Du hörst heute eine Musik, in der sich Tiere versteckt haben. Sie heißt ‚Kindersinfonie'."

Lehrerinformation: „Eine Sinfonie ist ein längeres Musikstück, das von vielen Instrumenten gespielt wird. Der Mann, der sich die Kindersinfonie ausgedacht hat, heißt Leopold Mozart."
Lehrer schreibt an Tafel *Leopold Mozart* und *Kindersinfonie*.
Lehrer gibt Information zur Person Leopold Mozarts und heftet Familienbild an.
(Personen auf dem Bild v. l.: Die Kinder Nannerl, Wolfgang Amadeus, Ehefrau Anna Maria [im Rahmen], Leopold Mozart).

Information zu Leopold Mozart

Leopold Mozart wurde 1719 als ältester von sechs Söhnen einer Buchbinderfamilie in Augsburg geboren. Schon in den ersten Schuljahren zeigte sich die musikalische Begabung des kleinen Leopold. Er trat in das Jesuitengymnasium in Augsburg ein und erhielt dort eine breit gefächerte humanistische Ausbildung. Er wurde Chorsänger und war schon als 16-Jähriger ein temperamentvoller Orgelspieler.

Im Jahre 1737 verließ er seine Heimatstadt und ging zum Studium nach Salzburg, wo er auch seine Frau Anna Maria heiratete. Sein Geld verdiente er als Hof- und Kammerkomponist in der Salzburger Hofkapelle. Dort unterrichtete er auch die Kapellknaben im Violinspiel.

Im Geburtsjahr seines Sohnes Wolfgang Amadeus Mozart, 1756, veröffentlichte Leopold Mozart den ersten „Versuch einer gründlichen Violinschule". Es ist ein musikpädagogisches Werk, das bis ins 19. Jh. ein Standardwerk für Geigenspieler war. Darüber hinaus komponierte er zahlreiche Sinfonien und mehrere Orchesterstücke wie eine Soldatenmusik, die Musikalische Schlittenfahrt, die Bauernhochzeit sowie Märsche und Hochzeitsmenuette. Er verstarb 1787 in Salzburg.

Werkbegegnung

1. Hörauftrag: „Du hörst jetzt den Ausschnitt aus der Kindersinfonie. Finde heraus, welche Tiere sich versteckt haben! Schließe dabei die Augen!"
Lehrer spielt Hörbeispiel 12 vor.
Schüler beschreiben das Gehörte und nennen „Kuckuck" und andere pfeifende Vögel.
Lehrer heftet Bilder vom Kuckuck und pfeifenden Vögeln an die Tafel.

Werkbetrachtung

2. Hörauftrag: „Wie oft hörst du den Kuckuck rufen? Zähle mit den Fingern mit!"
Lehrer spielt Hörbeispiel 13 vor.
Lösung: Schüler erkennen: „Der Kuckuck ruft fünfmal."

Impuls: „Wir können den Kuckuck und die Vögel mit Handbewegungen darstellen!"
Schüler machen Vorschläge.
Vorschlag: zu den Vögeln: Rechte Hand macht schnellen Flügelschlag, wenn die Vögel zu hören sind.
         zum Kuckuck: Linke Hand macht mit Daumen und Zeigefinger die Schnabelbewegung nach, wenn der Kuckucksruf zu hören ist.

3. Hörauftrag: „Begleite die Musik mit den passenden Handbewegungen!"
Lehrer spielt Hörbeispiel 12 vor.
Schüler machen beim Hören des Kuckucksrufs und des Vogelgezwitschers passende Handbewegungen.

Wertung

Lehrer deckt Folie unten auf (Bilder von Fußballplatz und Wald).

Arbeitsauftrag: „Ordne die gehörte Musik einem Bild zu! Begründe!"
Schüler geben Höreindrücke und Empfindungen wieder und ordnen die Musik dem Waldbild auf der Folie zu.

Ausklang

Impuls: „Wir machen einen Waldspaziergang!"

4. Hörauftrag: „Bewege dich im Raum zur Musik, ohne jemanden zu berühren! Zeige die verschiedenen Vögel mit den passenden Handbewegungen!"
Lehrer spielt Hörbeispiel 12 vor.
Schüler bewegen sich im Raum zur gehörten Musik.

Tafelbild

Leopold Mozart

Kindersinfonie

Folie

| NAME: _____ | KLASSE: ____ | DATUM: _____ | **Lernzielkontrolle** |

① **Im Unterricht hast du diesen Komponisten kennengelernt. Wie heißt er? Ergänze!**

_____ Mozart

② **Streiche den falschen Satz durch!**

Der Komponist war der **Bruder** von Wolfgang Amadeus Mozart.

Der Komponist war der **Vater** von Wolfgang Amadeus Mozart.

③ **Wie heißt die Sinfonie, die du kennen gelernt hast? Kreuze an!**

○ Kuckuckssinfonie

○ Vogelsinfonie

○ Kindersinfonie

④ **Welche Tiere kommen in Mozarts Musikstück vor? Male aus!**

⑤ **Welches Bild zeigt den richtigen Kuckucksruf? Kreuze an!**

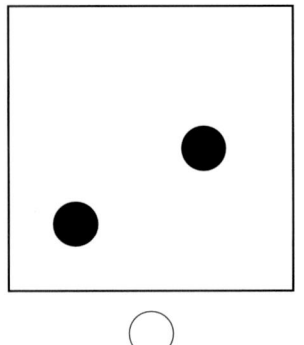  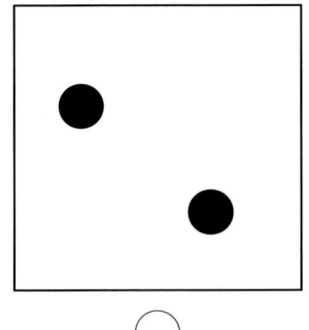

○　　　　　○　　　　　○

| NAME: | KLASSE: | DATUM: | **Lernzielkontrolle** Lösungsblatt |

① **Im Unterricht hast du diesen Komponisten kennengelernt. Wie heißt er? Ergänze!**

_____Leopold_____ Mozart

② **Streiche den falschen Satz durch!**

~~Der Komponist war der **Bruder** von Wolfgang Amadeus Mozart.~~

Der Komponist war der **Vater** von Wolfgang Amadeus Mozart.

③ **Wie heißt die Sinfonie, die du kennen gelernt hast? Kreuze an!**

○ Kuckuckssinfonie

○ Vogelsinfonie

⊗ Kindersinfonie

④ **Welche Tiere kommen in Mozarts Musikstück vor? Male aus!**

⑤ **Welches Bild zeigt den richtigen Kuckucksruf? Kreuze an!**

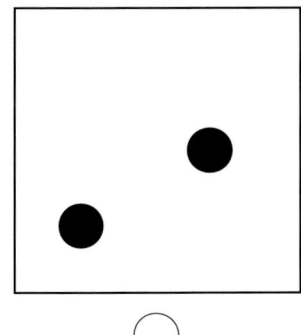 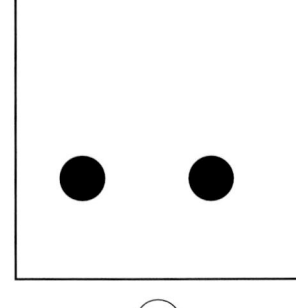 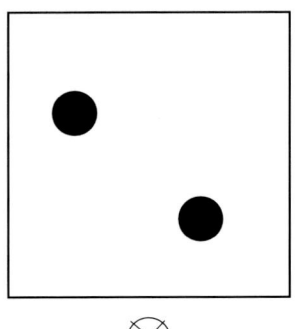

○   ○   ⊗

3. Wolfgang Amadeus Mozart

Die Zauberflöte: „Der Vogelfänger bin ich ja" (Text)

LERNZIELE: – Pantomimisches Darstellen des Inhalts
– Erlesen des Textes
– Kennenlernen der Panflöte

MATERIAL: Arbeitsblatt (≙ Folie), Bilder 1–4 für die Tafel, Hörbeispiele 14, 15

HINWEISE: – Auf die in der Oper verwendete Papageno-Flöte, eine besondere Panflöte, wird hier nicht eingegangen.
– In der vorliegenden Unterrichtseinheit wird nur die 1. Strophe der Arie erarbeitet. Die weiteren Strophen sind zusammen mit dem Klavierauszug beigefügt.

Unterrichtsverlauf

Einstimmung

Hörrätsel: „Schließ die Augen und versuche zu erkennen, was du hörst!"
Lehrer spielt Hörbeispiel 14 vor.
Schüler beschreiben Vogelgezwitscher.

Hinführung

Impuls: Lehrer deckt Folienbild von Vogelfänger auf (Überschrift noch abgedeckt).
Schüler beschreiben: z. B. „lustig bekleidet, lacht, komischer Rucksack".

Impuls: „Du kannst vermuten, warum der Mann einen Vogelkäfig auf dem Rücken trägt."
Schüler vermuten: z. B. „Mann fängt Vögel, um sie mit nach Hause zu nehmen, zu verkaufen, zu verschenken."
Lehrerinformation: „In unserer Zeit werden Vögel meist nicht gefangen, sondern gezüchtet, damit sie die Menschen als Haustiere halten können.
Der Vogelfänger ist eine Figur aus einem Märchen. Du lernst ihn heute näher kennen."

Zielangabe: Lehrer schreibt an Tafel: *Wir lernen den Vogelfänger kennen.*

Texterarbeitung

Impuls: „Du hast sicher eine Idee, wie der Vogelfänger die Vögel fangen könnte!"
Schüler zeigen pantomimisch: „Anschleichen, durch Pfeifen anlocken."

Impuls: „Du kannst nun selbst lesen, was der Vogelfänger erzählt!"
Lehrer teilt Arbeitsblatt aus.
Schüler erlesen Text auf Arbeitsblatt und von Folie.

Impuls: Lehrer heftet Bilder 1–4 ungeordnet an Tafel.
Arbeitsauftrag: „Ordne die Bilder an der Tafel nach dem Text auf deinem Arbeitsblatt! Jeweils zwei Zeilen gehören zu einem Bild."
Schüler lesen jeweils zwei Textzeilen vor und ordnen Bilder an der Tafel.

Der Vogelfänger bin ich ja

Der Vogelfänger bin ich ja,
stets lustig heißa hopsassa!

Ich Vogelfänger bin bekannt
bei Alt und Jung im ganzen Land.

Weiß mit dem Locken umzugehn
und mich aufs Pfeifen zu verstehn.

Drum kann ich froh und lustig sein,
denn alle Vögel sind ja mein.

Impuls: „Wir können den Text lesen und dazu den Vogelfänger spielen. Die Bilder helfen dir dabei!"
Einzelne Schüler lesen, während andere Schüler den Vogelfänger darstellen (kann mehrmals wiederholt werden).

Kennenlernen der Panflöte

Impuls: „Der Vogelfänger pfeift nicht nur mit dem Mund. Er hat ein besonderes Instrument, um die Vögel anzulocken!"
Schüler vermuten.
Impuls: Lehrer deckt Bild von Panflöte (auf Folie) auf.
Schüler äußern sich.
Lehrerinformation: „Das Instrument des Vogelfängers heißt Panflöte. Sie besteht aus verschieden langen Röhren."
Lehrer ergänzt auf Folie *Panflöte* und *Röhren*.
Lehrerinformation: „Die Panflöte besteht aus verschieden langen Röhren."
Schüler tragen die fehlenden Wörter auf dem Arbeitsblatt ein.

1. Hörauftrag: „Höre, wie die Panflöte klingt!"
Lehrer spielt Hörbeispiel 15 vor.
Schüler beschreiben: „Panflöte klingt etwas rauer, dunkler als Blockflöte."

Impuls: „Du kannst dir vorstellen, wie die Panflöte gespielt wird!"
Schüler vermuten.
Lehrerinformation: „Die Röhren werden mit gespannten Lippen angeblasen."
Lehrer spielt pantomimisch auf der Panflöte.
Schüler ahmen nach.

Zusammenfassung

Arbeitsauftrag: „Stelle noch einmal den Vogelfänger dar. Zeig dabei, wie er durch das Spielen auf der Panflöte die Vögel anlockt!"
Lehrer liest Liedtext vor, alle Schüler stellen pantomimisch mithilfe der Bilder an der Tafel den Vogelfänger dar.
Bei Bild 3 („aufs Pfeifen zu verstehn") ahmen alle Schüler das Spiel auf der Panflöte nach.

Tafelbild

Wir lernen den Vogelfänger kennen

Wir lernen den Vogelfänger kennen

Der Vogelfänger bin ich ja

1. Der Vogelfänger bin ich ja
2. stets lustig heißa hopsassa!

3. Ich Vogelfänger bin bekannt
4. bei Alt und Jung im ganzen Land.

5. Weiß mit dem Locken umzugehn
6. und mich aufs Pfeifen zu verstehn.

7. Drum kann ich froh und lustig sein,
8. denn alle Vögel sind ja mein.

Wie heißt das Instrument des Vogelfängers?

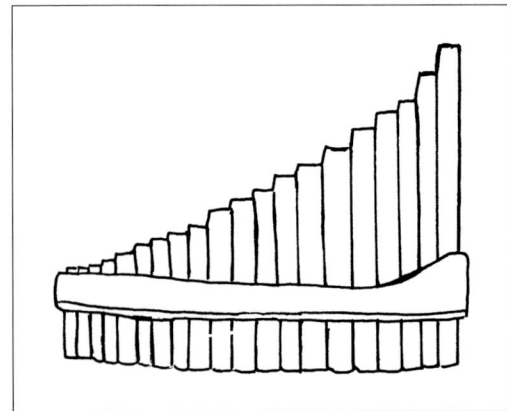

Das Instrument des Vogelfängers

heißt _____.

Es besteht aus verschieden

langen _____.

Wir lernen den Vogelfänger kennen

Der Vogelfänger bin ich ja

1. Der Vogelfänger bin ich ja
2. stets lustig heißa hopsassa!

3. Ich Vogelfänger bin bekannt
4. bei Alt und Jung im ganzen Land.

5. Weiß mit dem Locken umzugehn
6. und mich aufs Pfeifen zu verstehn.

7. Drum kann ich froh und lustig sein,
8. denn alle Vögel sind ja mein.

Wie heißt das Instrument des Vogelfängers?

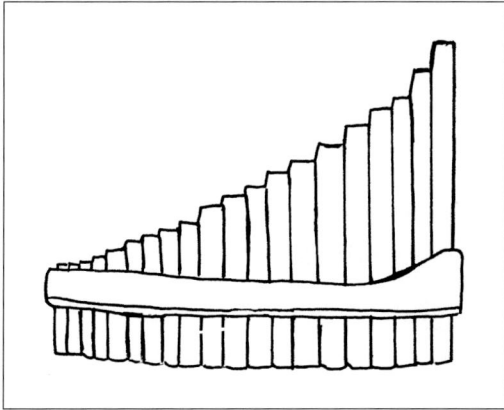

Das Instrument des Vogelfängers

heißt _____*Panflöte*_____.

Es besteht aus verschieden

langen _____*Röhren*_____.

Die Zauberflöte: „Der Vogelfänger bin ich ja" (Klavierauszug)

Wolfgang Amadeus Mozart

1. Der Vogelfänger bin ich ja,
   stets lustig heißa hopsassa!
   Ich Vogelfänger bin bekannt
   bei Alt und Jung im ganzen Land.
   Weiß mit dem Locken umzugehn
   und mich aufs Pfeifen zu verstehn.
   Drum kann ich froh und lustig sein,
   denn alle Vögel sind ja mein.

2. Der Vogelfänger bin ich ja,
   stets lustig heißa hopsassa!
   Ich Vogelfänger bin bekannt
   bei Alt und Jung im ganzen Land.
   Ein Netz für Mädchen möchte ich,
   ich fing sie dutzendweis für mich!
   Dann sperrte ich sie bei mir ein,
   und alle Mädchen wären mein.

3. Wenn alle Mädchen wären mein,
   so tauschte ich brav Zucker ein;
   die, welche mir am liebsten wär,
   der gäb ich gleich den Zucker her.
   Und küsste sie mich zärtlich dann,
   wär sie mein Weib und ich ihr Mann.
   Sie schlief an meiner Seite ein,
   ich wiegte wie ein Kind sie ein.

Musikhören: Die Zauberflöte: „Der Vogelfänger bin ich ja"
Wolfgang Amadeus Mozart

LERNZIELE:
- Heraushören der Panflöte
- Erkennen und Nachahmen des Glissandos
- Kennenlernen des Begriffs „Glissando"

MATERIAL: Arbeitsblatt (≙ Folie), mehrere Glockenspiele mit je einem Schlägel, Hörbeispiele 15, 16.

HINWEIS: Für diese Unterrichtseinheit ist kein Tafelbild vorgesehen.

Unterrichtsverlauf

Anknüpfung

Impuls: „Du hörst ein Instrument, das du schon kennengelernt hast."
Lehrer spielt Hörbeispiel 15 vor.
Schüler wiederholen Gelerntes: Beschreibung der Panflöte, „Vogelfänger benützt sie zum Anlocken der Vögel".

Zielangabe: „Du lernst heute die Geschichte des Vogelfängers als Lied kennen.
Es heißt: ‚Der Vogelfänger bin ich ja'."

Werkbegegnung

Lehrer spielt Hörbeispiel 16 vor.
Schüler sprechen über Höreindrücke.

Werkbetrachtung

Impuls: „Auch im Lied ist die Panflöte zu hören!"
1. Hörauftrag: „Hebe die Hand, wenn du die Panflöte hörst!"
Lehrer spielt Hörbeispiel 16 nochmals vor.
Arbeitsauftrag: „Beschreibe oder pfeife nach, wie die Panflöte spielt."
Schüler versuchen, das Gehörte zu beschreiben oder nachzupfeifen.

Arbeitsauftrag: „Überlege, welches Bild zur Melodie der Panflöte passt!"
Lehrer deckt Bilder von Aufgabe 1 auf Folie auf.
Schüler nennen richtige Lösung und begründen:
„Die Panflöte spielt von unten nach oben."
Lehrer kreuzt entsprechend auf Folie 2. Bild an.

Kennenlernen des Glissandos

Lehrer deckt Bild von Glockenspiel auf (Aufgabe 2 auf Folie).
Impuls: „Du kannst das Glockenspiel mit der Panflöte vergleichen."
Schüler beschreiben: „Die Panflöte hat verschieden lange Röhren, das Glockenspiel hat verschieden lange Stäbe."

Impuls: „Du kannst auf dem Glockenspiel die Töne der Panflöte von unten nach oben nachspielen."
Lehrer zeichnet ↗ in oberes Kästchen auf Folie (Aufgabe 2):
„Genauso kannst du von oben nach unten spielen."

Lehrer zeichnet ↙ in unteres Kästchen auf Folie (Aufgabe 2).

Arbeitsauftrag: „Spiele auf dem Glockenspiel abwechselnd die Töne von unten nach oben und von oben nach unten!"
Schüler verteilen sich auf Instrumente.
Lehrer deutet abwechselnd auf oberes und unteres Kästchen auf Folie (Aufgabe 2).
Schüler streichen entsprechend mit einem Schlägel von links nach rechts oder von rechts nach links über Glockenspiele.

Lehrerinformation: „Was du gerade auf dem Glockenspiel gespielt hast, kann man mit einem Wort bezeichnen. Mehrere Töne hintereinander ganz schnell nach oben oder nach unten gespielt heißen ‚Glissando' (wörtlich ‚gleitend')."

Lehrer deckt Merksatz auf Folie (Aufgabe 2) auf und ergänzt „Glissando".

Lehrer teilt Arbeitsblatt aus.

Schüler erledigen Aufgaben 1 und 2 auf dem Arbeitsblatt.

Zusammenfassung

Impuls: „Du hörst gleich unser Lied ‚Der Vogelfänger bin ich ja' noch einmal."

Arbeitsauftrag: „Lies den Text des Liedes bei Nr. 3 auf deinem Arbeitsblatt laut vor."

Alle Schüler lesen Text gemeinsam laut.

2. Hörauftrag: „Sing das Lied mit. Spiel in der Luft auf der Panflöte, wenn du sie hörst!"

(Hierzu kann auch nochmals die pantomimische Darstellung wie in der 1. Unterrichtseinheit ausgeführt werden.)

Lehrer spielt Hörbeispiel 16 vor.

„Der Vogelfänger bin ich ja"

① **Wie spielt die Panflöte in unserem Lied? Kreuze an!**

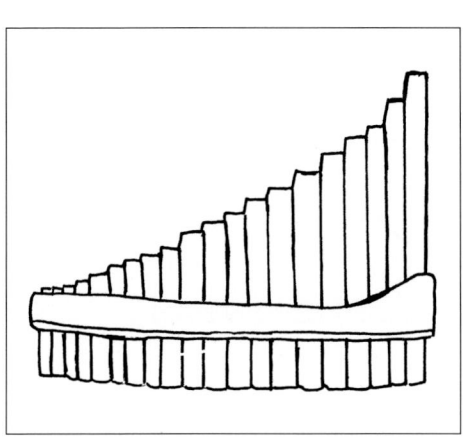
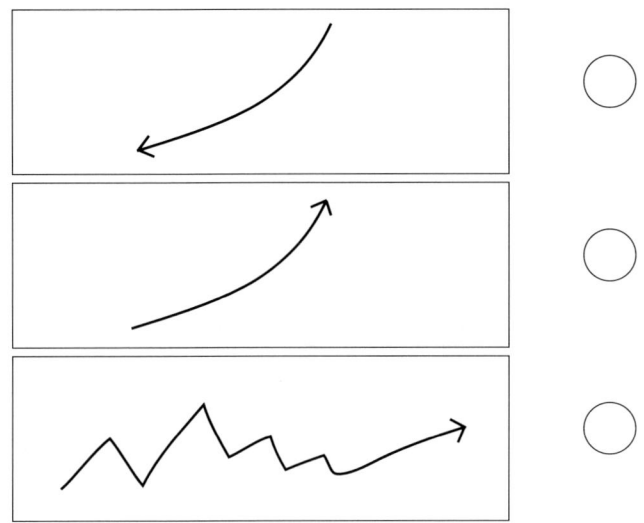

② **Wie spielen wir auf dem Glockenspiel? Zeichne ein!**

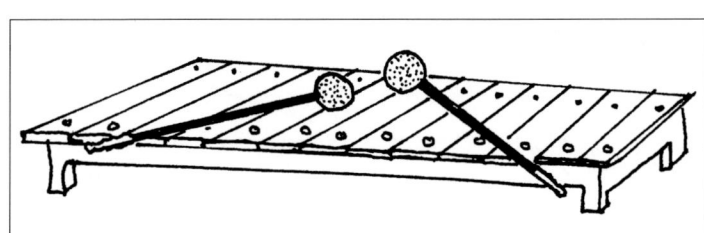
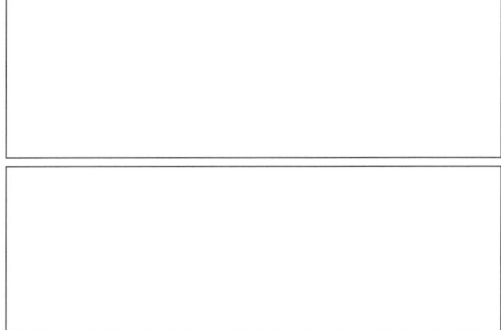

Mehrere Töne hintereinander ganz schnell nach oben oder nach unten gespielt heißen _____.

③ **Unser Lied: „Der Vogelfänger bin ich ja"**

Der Vogelfänger bin ich ja,
stets lustig heißa hopsassa!

Ich Vogelfänger bin bekannt
bei Alt und Jung im ganzen Land.

Weiß mit dem Locken umzugehn
und mich aufs Pfeifen zu verstehn.

Drum kann ich froh und lustig sein,
denn alle Vögel sind ja mein.

„Der Vogelfänger bin ich ja"

① **Wie spielt die Panflöte in unserem Lied? Kreuze an!**

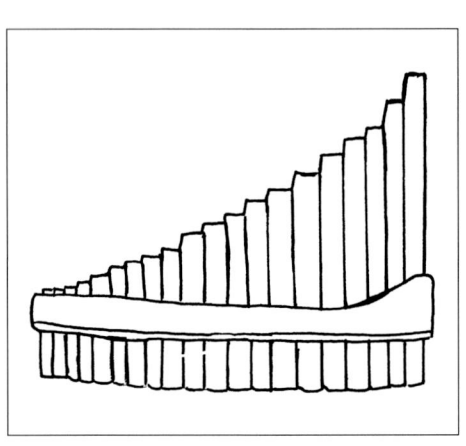
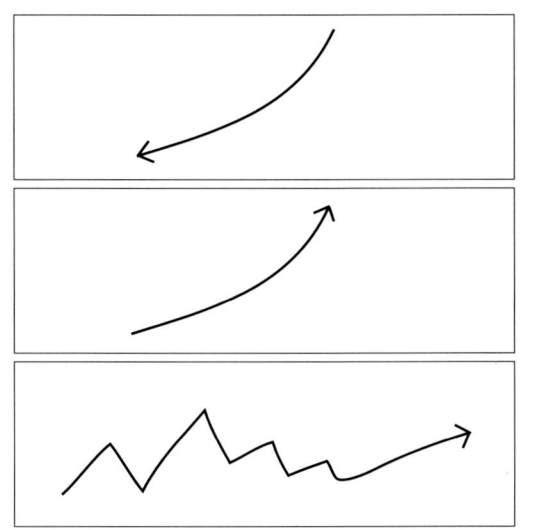

② **Wie spielen wir auf dem Glockenspiel? Zeichne ein!**

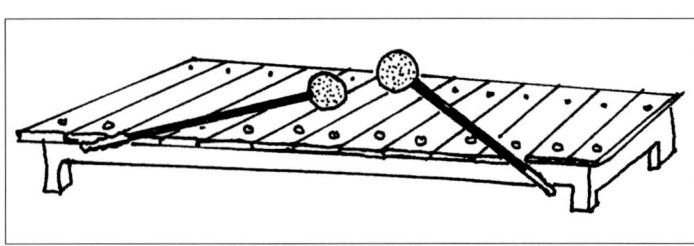
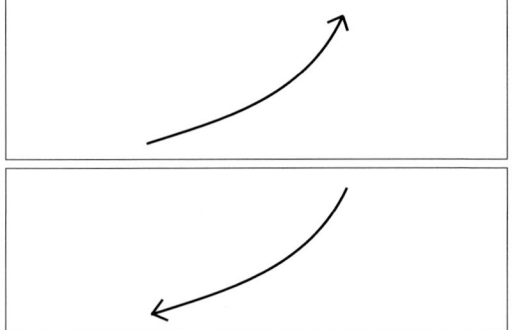

Mehrere Töne hintereinander ganz schnell nach oben oder nach unten gespielt heißen _____Glissando_____ .

③ **Unser Lied: „Der Vogelfänger bin ich ja"**

Der Vogelfänger bin ich ja,
stets lustig heißa hopsassa!

Ich Vogelfänger bin bekannt
bei Alt und Jung im ganzen Land.

Weiß mit dem Locken umzugehn
und mich aufs Pfeifen zu verstehn.

Drum kann ich froh und lustig sein,
denn alle Vögel sind ja mein.

Musikhören: Die Zauberflöte (Ausschnitte)
Wolfgang Amadeus Mozart

LERNZIELE: – Begegnung mit dem Komponisten Wolfgang Amadeus Mozart
– Kennenlernen des Inhalts der Oper
– Beschreiben von Musikausschnitten aus der Oper

MATERIAL: Arbeitsblatt (≙ Folie), Bilder 1–3 für die Tafel, Porträt von Wolfgang Amadeus Mozart, Hörbeispiele 16, 17, 18.

Unterrichtsverlauf

Anknüpfung

Impuls: Lehrer klebt Bild 1 (Vogelfänger) an Tafel.
„Diesen Mann kennst du bestimmt."
Schüler wiederholen Gelerntes.

Lehrerinformation: „Der Vogelfänger heißt ‚Papageno'."
Lehrer schreibt *Papageno* unter das Bild an Tafel.

Zielangabe: „Du lernst die Geschichte kennen, in der Papageno wichtig ist."

Erarbeitung des Inhalts

Lehrer liest Text vor und heftet Bilder 2 (Königin der Nacht) und 3 (Tamino) an Tafel.

Die Zauberflöte

Es war einmal ein junger Prinz mit dem Namen Tamino. Eines Tages traf er auf der Jagd den Vogelfänger Papageno. Papageno war ein lustiger Kerl. Er erklärte dem Prinzen, dass er Vögel fängt, um sie der Königin der Nacht zu schenken.

Plötzlich wurde es stockdunkel und mit Donnergetöse erschien die Königin der Nacht vor ihnen. Sie erzählte dem Prinzen, dass ihre Tochter Pamina auf einer Burg gefangen gehalten wird. Wütend beschwerte sie sich, dass auch das helle Sonnenlicht in dieser Burg wohnt. Ohne ihre Tochter und ohne Licht muss sie im Reich der Dunkelheit herrschen. Sie bat den Prinzen, Pamina zu befreien, und so schnell, wie sie gekommen war, war die Königin der Nacht wieder verschwunden. Ein Bild der schönen Pamina und eine Zauberflöte, die er als Hilfe zu ihrer Befreiung bekommen hatte, überzeugten Tamino davon, dass er nicht geträumt hatte. In das Bild der Königstochter hatte er sich sofort verliebt und er wünschte sich nichts sehnlicher, als Pamina zu befreien und sie zur Frau zu nehmen. Die Zauberflöte würde ihm dabei helfen!

Zusammen mit Papageno machte er sich auf den Weg zur Burg. Und tatsächlich: Kaum spielte der Prinz auf der Zauberflöte, wurden die wilden Tiere ganz zahm und Tamino und Papageno konnten unbemerkt in die Burg schleichen. Dort befreiten sie Pamina und auch beim Verlassen der Burg halfen ihnen die Töne der Zauberflöte: Es gelang ihnen, unverletzt durch Feuer und Wasser zu gehen.

Als alle Gefahren überstanden waren, konnte der Prinz seine Pamina endlich in die Arme schließen. Der Vogelfänger Papageno war ebenso glücklich, weil auch er auf der Burg eine Frau für sich gefunden hatte.

Impuls: „Du kannst die Geschichte mit eigenen Worten erzählen. Die Bilder helfen dir."
Schüler erzählen Inhalt nach.
Lehrer schreibt *Königin der Nacht* und *Tamino* unter entsprechende Bilder an Tafel.

Arbeitsauftrag: „Finde selbst eine Überschrift für die Geschichte!"
Schüler machen Vorschläge.
Lehrerinformation: „Die Geschichte heißt: ‚Die Zauberflöte'."
Lehrer schreibt Überschrift an Tafel.
Impuls: „Du kannst die Geschichte nun selbst lesen."
Lehrer teilt Arbeitsblatt aus.
Schüler erlesen den Text.

Kennenlernen des Begriffs „Oper"

Lehrerinformation: „Die Geschichte ‚Die Zauberflöte' wird nicht erzählt, sondern gesungen und gespielt. Die ‚Zauberflöte' ist eine Oper."

Begegnung mit dem Komponisten

Impuls: „Ein bekannter Komponist hat die Musik zur ‚Zauberflöte' komponiert."
Lehrer hängt Komponistenporträt an Tafel und ergänzt Überschrift von *Wolfgang Amadeus Mozart*.
Lehrerinformation: „Er heißt Wolfgang Amadeus Mozart. Du erfährst nun mehr über diesen berühmten Komponisten."

Information zu Wolfgang Amadeus Mozart

Wolfgang Amadeus Mozart wurde 1756 in Salzburg geboren. Er begann mit vier Jahren Klavier zu spielen. Bereits mit fünf Jahren komponierte er kleine Stücke. Sein Vater Leopold Mozart, der selbst Komponist und Musiker war, unterrichtete Wolfgang, auch Wolferl genannt, und dessen Schwester Nannerl. Als musikalisches Wunderkind bereiste er mit seinem Vater die großen Städte Europas. In Wien spielte er sogar vor dem Kaiser. Man erzählt sich, dass er, um Wolfgang zu testen, ein Tuch über die Klaviertasten legte, so dass dieser blind spielen musste.
Als Erwachsener fand Mozart eine Anstellung beim Salzburger Erzbischof. Später arbeitete er als freischaffender Musiker in Wien. Mozart schrieb 600 Kompositionen. Viele seiner Werke trafen aber nicht immer den Geschmack der Zuhörer.
Eine seiner bekanntesten Opern ist „Die Zauberflöte". Sie wurde im September 1791 in Wien uraufgeführt. Mozart dirigierte selbst, obwohl er schon sehr krank war. Er starb am 5. Dezember 1791, durfte aber erleben, dass seine letzte Oper „Die Zauberflöte" ein großer Erfolg wurde.

Lehrer deckt Nummer 2 auf Folie auf.
Impuls: „Du kannst nun die fehlenden Wörter ergänzen."
Schüler nennen „Oper", „Wolfgang Amadeus Mozart".
Lehrer ergänzt auf Folie.
Schüler ergänzen auf Arbeitsblatt.

Kennenlernen von Musikausschnitten

Lehrer zeigt auf Bilder von Papageno, Königin der Nacht und Tamino (Folie, Nummer 3).
Impuls: „Ein Lied des Papageno kennst du schon. Auch die anderen Personen in der Oper singen zur Musik, zum Beispiel die Königin der Nacht und Tamino."

1. Hörauftrag: „Finde heraus, welche der drei Personen singt!"
Lehrer spielt Hörbeispiel 17 vor.
Lösung: Königin der Nacht.
Schüler beschreiben Höreindrücke.

Impuls: „Du hörst die Königin der Nacht noch einmal singen."
2. Hörauftrag: „Überlege, *wie* die Königin der Nacht singt. Die Wörter auf der Folie helfen dir. Zeig mit den Fingern die Zahl des passenden Wortes."
Lehrer spielt Hörbeispiel 17 vor.
Schüler zeigen Nr. 1 (= wütend).
Lehrer/Schüler kreuzen auf Folie/Arbeitsblatt an.

Impuls: „Du hörst eine andere Person aus der ‚Zauberflöte' singen."
3. Hörauftrag: „Finde heraus, welche der drei Personen singt!"
Lehrer spielt Hörbeispiel 18 vor.
Lösung: Tamino.
Schüler beschrieben Höreindrücke.

Impuls: „Du hörst Tamino noch einmal."
4. Hörauftrag: „Überlege, *wie* Tamino singt. Die Wörter auf der Folie helfen dir. Zeige mit den Fingern die Zahl des passenden Wortes!"
Lehrer spielt Hörbeispiel 18 vor.

Schüler zeigen Nummer 2 (= verliebt).
Lehrer/Schüler kreuzen auf Folie/Arbeitsblatt an.

Impuls: „Du hörst das Lied des Vogelfängers Pageno."
5. Hörauftrag: „Überlege mithilfe der Wörter auf der Folie, *wie* Papageno singt! Zeig mit den Fingern die Zahl des passenden Wortes!"
Lehrer spielt Hörbeispiel 16 vor.
Schüler zeigen Nummer 2 (= lustig).
Lehrer/Schüler kreuzen auf Folie/Arbeitsblatt an.

Zusammenfassung

Impuls: „Du kennst nun ‚Die Zauberflöte' und kannst beschreiben, wie sich die Personen in der Geschichte verhalten."
Schüler charakterisieren Papageno, Königin der Nacht und Tamino mit eigenen Worten.
Arbeitsauftrag: „Spiel eine der drei Personen. Deine Mitschüler können erraten, welche Person du darstellst."
Einzelne Schüler spielen pantomimisch, Mitschüler erraten die dargestellten Personen.

Tafelbild

Die Zauberflöte
von Wolfgang Amadeus Mozart

Papageno   Königin der Nacht   Tamino

Die Zauberflöte

① **Was passiert in der Geschichte?**

1 Es war einmal ein junger Prinz mit dem Namen Tamino. Eines Tages traf er auf der Jagd den
2 Vogelfänger Papageno. Papageno war ein lustiger Kerl. Er erklärte dem Prinzen, dass er Vögel
3 fängt, um sie der Königin der Nacht zu schenken.
4 Plötzlich wurde es stockdunkel und mit Donnergetöse erschien die Königin der Nacht vor ihnen.
5 Sie erzählte dem Prinzen, dass ihre Tochter Pamina auf einer Burg gefangen gehalten wird.
6 Wütend beschwerte sie sich, dass auch das helle Sonnenlicht in dieser Burg wohnt. Ohne ihre
7 Tochter und ohne Licht muss sie im Reich der Dunkelheit herrschen. Sie bat den Prinzen,
8 Pamina zu befreien, und so schnell, wie sie gekommen war, war die Königin der Nacht wieder
9 verschwunden. Ein Bild der schönen Pamina und eine Zauberflöte, die er als Hilfe zu ihrer
10 Befreiung bekommen hatte, überzeugten Tamino davon, dass er nicht geträumt hatte. In das
11 Bild der Königstochter hatte er sich sofort verliebt und er wünschte sich nichts sehnlicher, als
12 Pamina zu befreien und sie zur Frau zu nehmen. Die Zauberflöte würde ihm dabei helfen!
13 Zusammen mit Papageno machte er sich auf den Weg zur Burg. Und tatsächlich: Kaum spielte
14 der Prinz auf der Zauberflöte, wurden die wilden Tiere ganz zahm und Tamino und Papageno
15 konnten unbemerkt in die Burg schleichen. Dort befreiten sie Pamina und auch beim Verlassen
16 der Burg halfen ihnen die Töne der Zauberflöte: Es gelang ihnen, unverletzt durch Feuer und
17 Wasser zu gehen.
18 Als alle Gefahren überstanden waren, konnte der Prinz seine Pamina endlich in die Arme
19 schließen. Der Vogelfänger Papageno war ebenso glücklich, weil auch er auf der Burg eine Frau
20 für sich gefunden hatte.

② **Warum ist die Zauberflöte eine besondere Geschichte?**

Die Geschichte wird nicht erzählt, sondern gesungen und gespielt.

„Die Zauberflöte" ist eine _____.

Die Musik der Oper wurde von _____

_____ komponiert.

③ **Wie singen die Personen in der Oper? Kreuze an!**

| ① müde | ① wütend | ① verärgert |
| ② lustig | ② froh | ② verliebt |

| NAME: | KLASSE: | DATUM: | **Arbeitsblatt** ≙ Folie
Lösungsblatt |

Die Zauberflöte

① Was passiert in der Geschichte?

1 Es war einmal ein junger Prinz mit dem Namen Tamino. Eines Tages traf er auf der Jagd den
2 Vogelfänger Papageno. Papageno war ein lustiger Kerl. Er erklärte dem Prinzen, dass er Vögel
3 fängt, um sie der Königin der Nacht zu schenken.
4 Plötzlich wurde es stockdunkel und mit Donnergetöse erschien die Königin der Nacht vor ihnen.
5 Sie erzählte dem Prinzen, dass ihre Tochter Pamina auf einer Burg gefangen gehalten wird.
6 Wütend beschwerte sie sich, dass auch das helle Sonnenlicht in dieser Burg wohnt. Ohne ihre
7 Tochter und ohne Licht muss sie im Reich der Dunkelheit herrschen. Sie bat den Prinzen,
8 Pamina zu befreien, und so schnell, wie sie gekommen war, war die Königin der Nacht wieder
9 verschwunden. Ein Bild der schönen Pamina und eine Zauberflöte, die er als Hilfe zu ihrer
10 Befreiung bekommen hatte, überzeugten Tamino davon, dass er nicht geträumt hatte. In das
11 Bild der Königstochter hatte er sich sofort verliebt und er wünschte sich nichts sehnlicher, als
12 Pamina zu befreien und sie zur Frau zu nehmen. Die Zauberflöte würde ihm dabei helfen!
13 Zusammen mit Papageno machte er sich auf den Weg zur Burg. Und tatsächlich: Kaum spielte
14 der Prinz auf der Zauberflöte, wurden die wilden Tiere ganz zahm und Tamino und Papageno
15 konnten unbemerkt in die Burg schleichen. Dort befreiten sie Pamina und auch beim Verlassen
16 der Burg halfen ihnen die Töne der Zauberflöte: Es gelang ihnen, unverletzt durch Feuer und
17 Wasser zu gehen.
18 Als alle Gefahren überstanden waren, konnte der Prinz seine Pamina endlich in die Arme
19 schließen. Der Vogelfänger Papageno war ebenso glücklich, weil auch er auf der Burg eine Frau
20 für sich gefunden hatte.

② Warum ist die Zauberflöte eine besondere Geschichte?

Die Geschichte wird nicht erzählt, sondern gesungen und gespielt.
„Die Zauberflöte" ist eine ____Oper____.

Die Musik der Oper wurde von ____Wolfgang____ ____Amadeus____ ____Mozart____ komponiert.

③ Wie singen die Personen in der Oper? Kreuze an!

| ① müde | ⊠ wütend | ① verärgert |
| ⊠ lustig | ② froh | ⊠ verliebt |

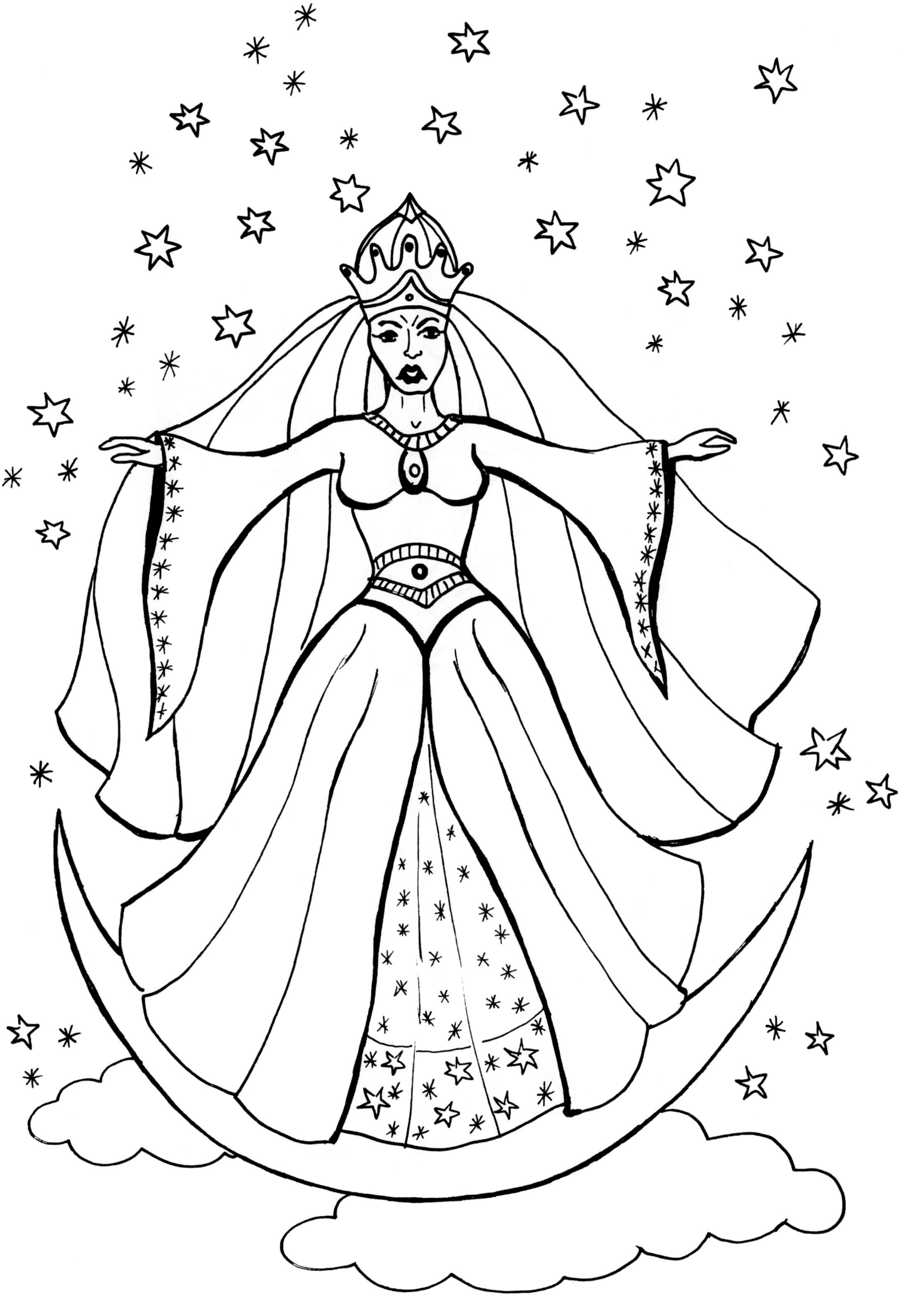

Die Zauberflöte

① **Mit welchem Instrument lockt Papageno die Vögel an?**
   Zeichne den richtigen Weg farbig!

② **Was spielt Papageno auf seinem Instrument?**
   Streiche die falschen Wörter durch!

Papageno spielt ein — Gressini
                     Girlando
                     Glissando

③ **Ergänze die Sätze!**

Die Geschichte „Die Zauberflöte" wird gesungen und gespielt.

„Die Zauberflöte" ist eine _____.

Der Komponist heißt Wolfgang Amadeus _____.

④ **Welche Personen spielen in der „Zauberflöte" mit?**
   Rahme die richtigen Namen ein!

Königin der Nacht
Sonnenkönigin
Tamino
Pamina
Pippi Langstrumpf
Ritter Kasimir
Papageno

Lernzielkontrolle
Lösungsblatt

Die Zauberflöte

① **Mit welchem Instrument lockt Papageno die Vögel an?**
Zeichne den richtigen Weg farbig!

② **Was spielt Papageno auf seinem Instrument?**
Streiche die falschen Wörter durch!

Papageno spielt ein — ~~Gressini~~
— ~~Girlando~~
— Glissando

③ **Ergänze die Sätze!**

Die Geschichte „Die Zauberflöte" wird gesungen und gespielt.

„Die Zauberflöte" ist eine _____Oper_____.

Der Komponist heißt Wolfgang Amadeus _____Mozart_____.

④ **Welche Personen spielen in der „Zauberflöte" mit?**
Rahme die richtigen Namen ein!

- (Königin der Nacht)
- Sonnenkönigin
- (Tamino)
- (Pamina)
- Pippi Langstrumpf
- Ritter Kasimir
- (Papageno)

4. Robert Schumann

Musikhören: Album für die Jugend: „Wilder Reiter"

LERNZIELE:
- Begegnung mit dem Komponisten Robert Schumann
- Erkennen und Nachahmen von Pferdegangarten
- Begleiten des Stücks mit Schlaghölzern bzw. Körperinstrumenten
- Bewegen zur Musik

MATERIAL: Porträt von Robert Schumann, Bilder 1 und 2, Porträt von Clara Schumann, wenn möglich ein Paar Klanghölzer für jeden Schüler, ein Seil für jeweils zwei Schüler, Hörbeispiele 19, 20, 21

HINWEISE:
- Sind Klanghölzer nicht in ausreichender Anzahl vorhanden, können sie durch Körperinstrumente (z. B. Klatschen, Patschen) ersetzt werden.
- Diese Unterrichtseinheit sollte aus Platzgründen in der Turnhalle oder im Gymnastikraum durchgeführt werden. Auf den Einsatz von Tafel oder OHP wurde deshalb verzichtet.

Unterrichtsverlauf

Einstimmung

Hörrätsel: Lehrer spielt Hörbeispiel 19 und Hörbeispiel 20 vor.
Schüler beschreiben das Gehörte: „Pferdegalopp" und „Pferd geht langsamer, im Schritt".
Impuls: „Vielleicht bist du selbst schon einmal geritten!"
Schüler äußern sich.
Zielangabe: „Wir sprechen über Pferde und Reiter."
Impuls: Lehrer zeigt Bild 1 und 2.
„Du weißt bestimmt, welches von den gehörten Pferden zu welchem Bild passt!" (Lehrer spielt evtl. Hörbeispiel 19 und 20 nochmals vor.)
Schüler ordnen zu: Hörbeispiel 19 = Bild 1, Hörbeispiel 20 = Bild 2.

Erarbeitung

Nachahmen von Pferdegangarten

Impuls: „Du kannst selbst galoppieren wie das schnelle Pferd."
Lehrer hebt Bild 1 hoch, einzelne Schüler führen Pferdegalopp vor.
Impuls: „Du kannst im Schritt gehen wie das langsamere Pferd."
Lehrer hebt Bild 2 hoch, einzelne Schüler führen „Im-Schritt-Gehen" vor.
Arbeitsauftrag: „Du darfst galoppieren (Lehrer hebt nur Bild 1 hoch) oder im Schritt gehen (Lehrer hebt nur Bild 2 hoch). „Achte darauf, welches Bild du siehst! Wichtig: Berühre kein anderes Kind!"
Lehrer (oder ein Schüler) hebt abwechselnd Bild 1 und 2 hoch.
Alle Schüler bewegen sich entsprechend im Raum.

Spielen mit Schlaghölzern bzw. Körperinstrumenten

Schüler setzen sich im Halbkreis auf den Boden.
Impuls: „Du kannst auch auf den Klanghölzern/Körperinstrumenten spielen, wie sich die Pferde bewegen!"
Arbeitsauftrag: „Spiel zu dem Bild, das du siehst!"
Lehrer teilt jedem Schüler ein Paar Klanghölzer aus bzw. verweist auf Körperinstrumente wie Klatschen und Patschen.
Lehrer hebt abwechselnd Bild 1 und Bild 2 hoch. Alle Schüler spielen/klatschen und finden bei jedem Bild ein gemeinsames Tempo:
Bild 1: schnelles Spielen/Klatschen ohne speziellen Galopprhythmus
Bild 2: langsames Spielen/Klatschen ohne speziellen Galopprhythmus
Hinweis: Falls die Schüler kein gemeinsames Tempo finden, kann der Lehrer durch Handbewegung das Tempo anzeigen.
Anschließend legen Schüler Klanghölzer vor sich auf den Boden.

Begegnung mit Werk und Komponist

Lehrerinformation: „Der bekannte Komponist Robert Schumann hat ein Stück über das Reiten komponiert!"
Lehrer zeigt Porträt von Robert Schumann.
Schüler äußern sich dazu.

1. Hörauftrag: „Höre und überlege, welches Pferdebild zur Musik passt!"
Lehrer spielt Hörbeispiel 21 und zeigt dazu gleichzeitig Bilder 1 und 2.
Lösung: Zur Musik passt Bild 1, Schüler begründen ihre Lösung.

Impuls: „Du kannst dir vorstellen, welche Überschrift das Stück haben könnte!"
Schüler vermuten.
Lehrerinformation: „Das Stück heißt ‚Wilder Reiter'."
Lehrer gibt Information über den Komponisten und zeigt dazu das Porträt von Clara Schumann.

Information zu Robert Schumann

Robert Schumann wurde am 8. 6. 1810 in Zwickau geboren. Mit sieben Jahren erhielt er zum ersten Mal Klavierunterricht, mit zwölf Jahren schrieb er erste Kompositionen. Als junger Mann beschloss er, Komponist und Pianist zu werden. Er übte dafür so eifrig, dass er sich den Ringfinger der rechten Hand überdehnte und ihn nie mehr abbiegen konnte.
1840 heiratete er. Seine Frau Clara war selbst eine berühmte Konzertpianistin. Sie bekamen acht Kinder und es war nicht immer einfach, genügend Geld für eine so große Familie zu verdienen. Robert Schumann komponierte viele Stücke, die jedoch das Publikum oft nicht sehr begeisterten. Erst nach seinem Tod im Jahre 1856 begann man seine Kompositionen häufiger in Konzerten zu spielen. Heute zählt Robert Schumann zu den bekanntesten Komponisten.
„Wilder Reiter" stammt aus einer Sammlung von Stücken mit dem Titel „Album für die Jugend".
Schumann hatte die ersten Stücke daraus zum siebten Geburtstag seiner Tochter Marie geschrieben, um ihr damit beim Musikunterricht eine Freude zu machen.

---

2. Hörauftrag: „Du hörst den ‚Wilden Reiter' noch einmal. Spiel mit den Klanghölzern bzw. klatsche dazu!"
Lehrer spielt Hörbeispiel 21 vor, Lehrer und Schüler begleiten (ohne speziellen Galopprhythmus).
Anschließend sammelt Lehrer Klanghölzer ein und teilt Seile aus.

Bewegen zur Musik

Partnerübung:
Impuls: „Du darfst Wilder Reiter spielen. Jeder Schüler sucht sich einen Partner. Ein Schüler legt das Seil um die Hüfte des anderen, nimmt es an den Enden und ‚reitet mit seinem Pferd' durch den Raum.
Wichtig: Berühre kein anderes Kind!"
Ein Paar führt die Übung vor, danach bewegen sich alle Schüler im Raum.
(Anschließend Rollentausch)

3. Hörauftrag: „Du hörst den Wilden Reiter noch einmal. ‚Reite' mit deinem Partner zur Musik durch den Raum! Bleib stehen, wenn die Musik zu Ende ist!"
Lehrer spielt Hörbeispiel 21 vor, Schüler bewegen sich zur Musik im Raum. (Anschließend Rollentausch)

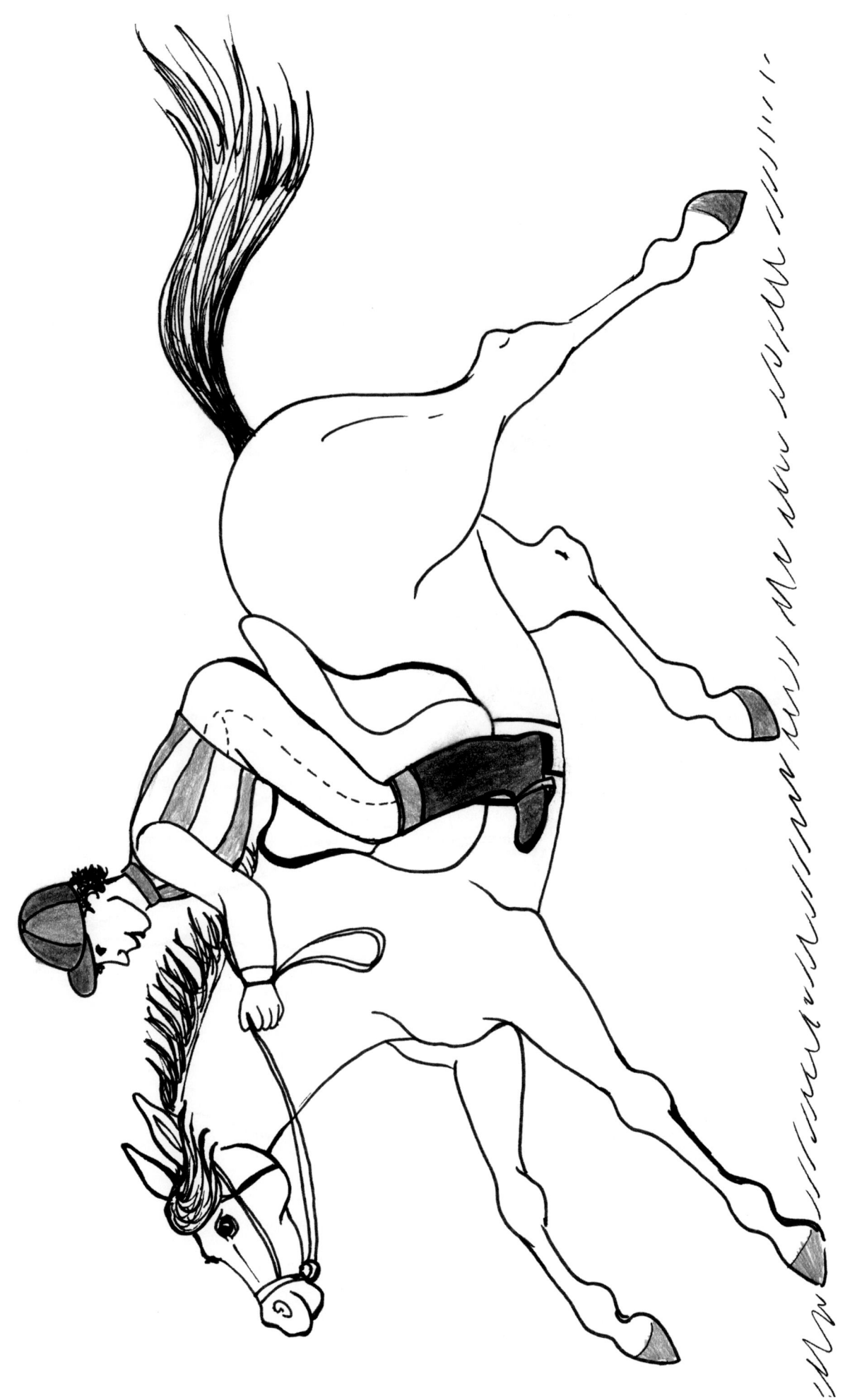

Kennenlernen des Klaviers

LERNZIELE: – Kennenlernen von Funktionsweise und Tastatur des Klaviers
– Zuordnen von höheren Tönen und rechter Hand bzw. tieferen Tönen und linker Hand
– Unterscheiden von höheren und tieferen Tönen

MATERIAL: Folie 1, Folie 2 (≙ Arbeitsblatt), Folie 3, Hörbeispiele 21, 22, 23, evtl. Klavier

HINWEISE: – Die Unterrichtseinheit kann auch durchgeführt werden, ohne dass ein Klavier im Raum ist.
– Für diese Unterrichtseinheit ist kein Tafelbild vorgesehen.

Unterrichtsverlauf

Anknüpfung

Lehrer legt Folie 1 auf.

Impuls: „Du kennst den Komponisten und ein Stück, das er geschrieben hat!"
Schüler nennen „Robert Schumann" und „Wilder Reiter", wiederholen Gelerntes.
Lehrer deckt Nummer 1 auf Folie 2 auf.

Impuls: „Du kannst das Instrument, auf dem das Stück gespielt wird, bestimmt erkennen!"
1. Hörauftrag: „Spiele das Instrument, das du hörst in der Luft."
Lehrer spielt Hörbeispiel 21 vor, Schüler spielen pantomimisch und nennen „Klavier",
Lehrer streicht E-Gitarre und Ziehharmonika auf Folie durch.

Zielangabe: Wir lernen das Klavier kennen.

Erarbeitung

Kennenlernen von Funktionsweise und Tastatur

Impuls: „Du kannst beschreiben, wie das Klavier aussieht."
Lehrer deckt Nummer 2 auf Folie 2 auf.
Schüler beschreiben: „Kasten, schwarze und weiße Tasten, Pedale" oder Ähnliches.
Lehrer legt Folie 3 auf.
Impuls: „Du erfährst nun, wie das Klavier funktioniert."

> **Information zur Funktionsweise des Klaviers**
>
> Im Inneren des Klaviers sind Stahlsaiten gespannt. Wenn eine Taste gedrückt wird, schlägt ein kleiner Hammer die Saite an. Am unteren Rand des Klaviers sind zwei Pedale: Drückt man das Pianopedal (links), klingen die Töne leiser. Drückt man das Fortepedal (rechts), klingen die Töne nach, auch wenn die Finger die Tasten verlassen haben.

Zuordnung von höheren/tieferen Tönen zu rechter/linker Hand

Impuls: „Auf dem Klavier kann man die Töne verschieden spielen."
Schüler vermuten: „laut – leise, schnell – langsam, hoch – tief".
2. Hörauftrag: „Hör genau zu und überlege, ob du die höheren oder die tieferen Töne des Klaviers hörst!"
Lehrer spielt Hörbeispiel 22 vor.
Lösung: „Höhere Töne."
Lehrer deckt Nummer 3 auf Folie 2 auf und teilt Arbeitsblatt aus.
Impuls: „Du kannst dir vorstellen, mit welcher Hand die höheren Töne gespielt werden."
Schüler nennen: „Rechte Hand."
Lehrer ergänzt auf Folie 2.
3. Hörauftrag: „Spiel zur Musik mit der rechten Hand auf den Tasten deines Arbeitsblattes!"
Lehrer spielt Hörbeispiel 22 vor.
Schüler „spielen" mit rechter Hand auf dem Arbeitsblatt (kann mehrmals wiederholt werden).
4. Hörauftrag: „Hör genau zu und überlege, welche Töne des Klaviers nun zu hören sind!"
Lehrer spielt Hörbeispiel 23 vor.
Lösung: „Tiefere Töne."

Impuls: „Du weißt nun, mit welcher Hand die tieferen Töne gespielt werden!"
Schüler nennen: „Linke Hand".
Lehrer ergänzt auf Folie.

5. Hörauftrag: „Spiel zur Musik mit der linken Hand auf den Tasten deines Arbeitsblattes!"
Lehrer spielt Hörbeispiel 23 vor.
Schüler „spielen" mit der linken Hand auf dem Arbeitsblatt (kann mehrmals wiederholt werden).
Anschließend lesen die Schüler die Sätze auf dem Arbeitsblatt, tragen fehlende Wörter ein und streichen falsche Instrumente bei Nummer 1 durch (Kontrolle mit Folie 2).

Unterscheiden von höheren und tieferen Tönen

6. Hörauftrag: „Bewege dich zu den Tönen, die du hörst!
Mach dich groß, geh auf Zehenspitzen, wenn du die höheren Töne hörst!
Mach dich klein, geh in der Hocke, wenn du die tieferen Töne hörst!
Wichtig: Bleib sofort stehen, wenn du keine Musik mehr hörst!"
Lehrer spielt mehrmals in beliebiger Abfolge Hörbeispiel 22 und Hörbeispiel 23 vor.
Schüler bewegen sich entsprechend. Anschließend gehen die Schüler auf ihre Plätze zurück.

Zusammenfassung

7. Hörauftrag: „Du hörst nun den ‚Wilden Reiter' als ganzes Stück. ‚Spiel mit beiden Händen gleichzeitig auf den Tasten deines Arbeitsblattes mit!"
Lehrer spielt Hörbeispiel 21 vor.
Schüler „spielen" mit beiden Händen auf dem Arbeitsblatt mit.
Anschließend fassen die Schüler zusammen: „Im Klavierstück ‚Wilder Reiter' sind höhere und tiefere Töne gleichzeitig zu hören."

Folie 1

NAME: _____ KLASSE: ___ DATUM: _____

Arbeitsblatt
≙ Folie 2

Wir lernen das Klavier kennen

① **Welches Instrument hörst du?**

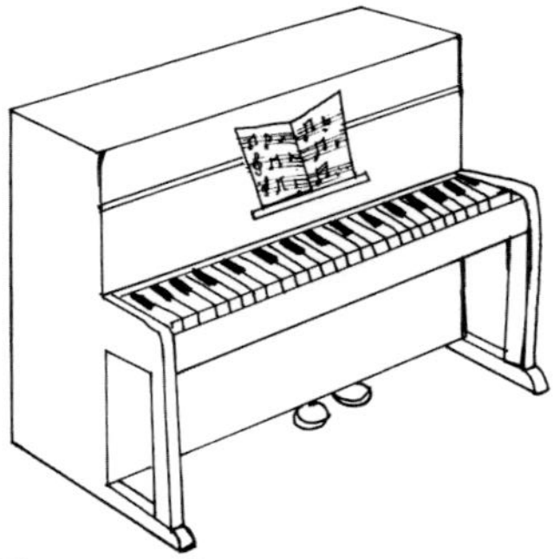

② **Wir lernen das Klavier kennen! Spiele auf den „Tasten"!**

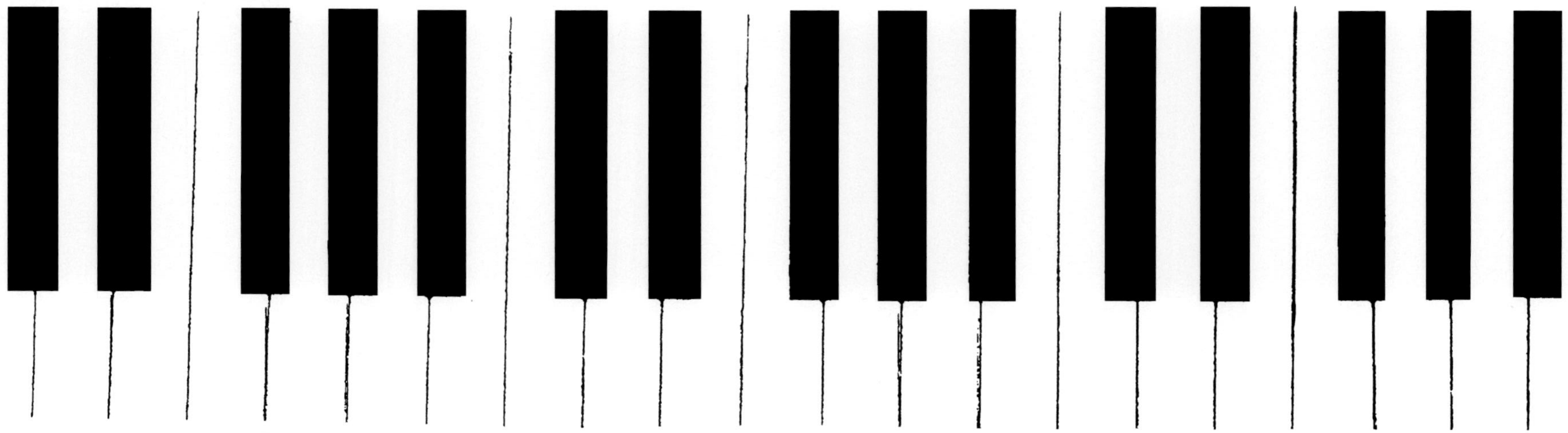

③ **Ergänze die Sätze!**

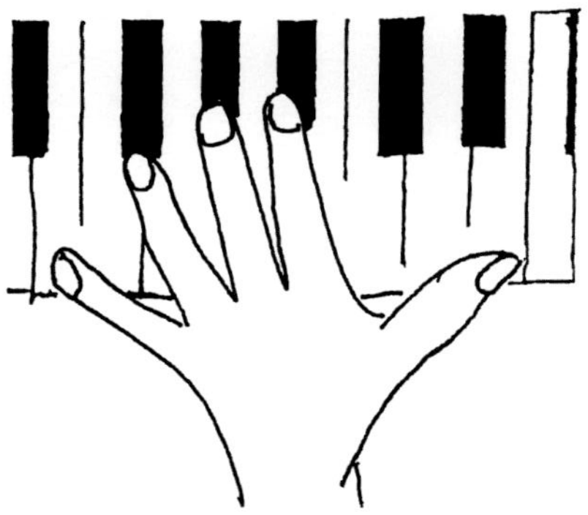

Die höheren Töne werden _____ mit der _____ Hand gespielt.

Die tieferen Töne werden _____ mit der _____ Hand gespielt.

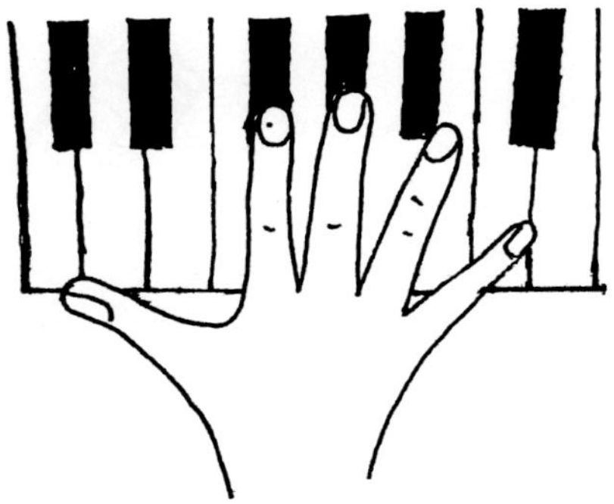

Arbeitsblatt
≙ Folie 2, Lösungsblatt

NAME: _____ KLASSE: ___ DATUM: _____

Wir lernen das Klavier kennen

① **Welches Instrument hörst du?**

② **Wir lernen das Klavier kennen! Spiele auf den „Tasten"!**

③ **Ergänze die Sätze!**

Die höheren Töne werden mit der _rechten_ Hand gespielt.

Die tieferen Töne werden mit der _linken_ Hand gespielt.

Folie 3

NAME: _____   KLASSE: ___   DATUM: ___   **Lernzielkontrolle**

Robert Schumann

① Erkennst du Robert Schumann? Kreuze an!

○   ○   ○

② Wie heißt das Stück von Robert Schumann?

Zeichne den richtigen Weg farbig!

Schnelles Pferd

Wilder Reiter

Hopp, hopp, hopp

③ Auf welchem Instrument wird das Stück gespielt? Kreuze an!

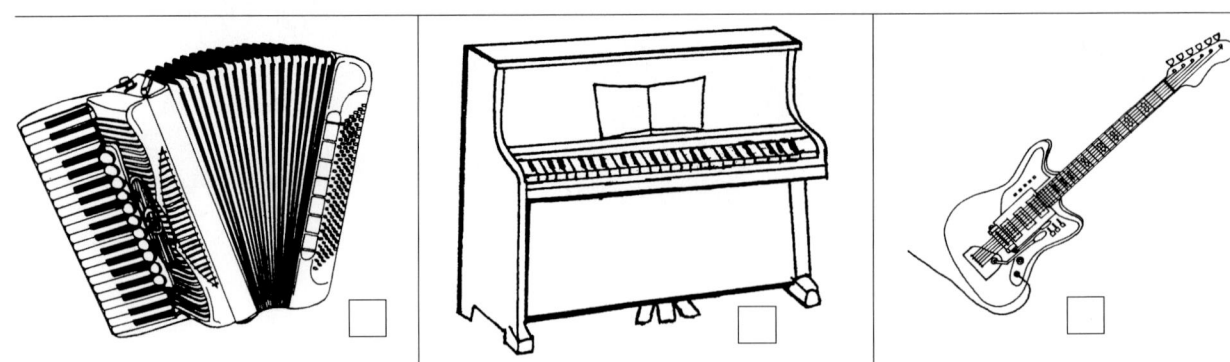

☐   ☐   ☐

④ Ergänze die Sätze!

Die tieferen Töne auf dem Klavier werden mit der _____ Hand gespielt.

Die höheren Töne auf dem Klavier werden mit der _____ Hand gespielt.

| NAME: | KLASSE: | DATUM: | **Lernzielkontrolle** Lösungsblatt |

Robert Schumann

① **Erkennst du Robert Schumann? Kreuze an!**

○　　　　　　　　　　○　　　　　　　　　　⊗

② **Wie heißt das Stück von Robert Schumann?**
Zeichne den richtigen Weg farbig!

③ **Auf welchem Instrument wird das Stück gespielt? Kreuze an!**

☐　　　　　　　　　　⊠　　　　　　　　　　☐

④ **Ergänze die Sätze!**

Die tieferen Töne auf dem Klavier werden mit der _linken_ Hand gespielt.

Die höheren Töne auf dem Klavier werden mit der _rechten_ Hand gespielt.

5. Camille Saint-Saëns

Gestalten einer Klanggeschichte

LERNZIELE: – Erkennen von Klangeigenschaften
– Grafisches Darstellen von Klängen
– Gestalten einer Klanggeschichte

MATERIAL: Folie 1, Arbeitsblatt (≙ Folie 2);
Orff-Instrumente: eine Rahmentrommel, Schellenkränze, Klanghölzer, Xylophone, Glockenspiele

HINWEISE: – Für diese Unterrichtseinheit ist kein Tafelbild vorgesehen.
– Die Bearbeitung der vorliegenden Klanggeschichte soll auf das Hören der Stücke „Der Elefant" und das „Aquarium" aus dem „Karneval der Tiere" vorbereiten. Die Tiere, die neben dem Elefanten und den Fischen im Aquarium in der Klanggeschichte vorkommen (Löwen, Kängurus, Esel), sind auch im „Karneval der Tiere" musikalisch dargestellt und können somit Ausgangspunkt für weitere Musikhörstunden sein.
– Sollte darüber hinaus an den übrigen Themen des „Karneval der Tiere" (Hühner und Hahn, Schildkröten, Persönlichkeiten mit langen Ohren, Kuckuck, Vogelhaus, Fossilien, Schwan) Interesse bestehen, kann die Klanggeschichte mit diesen weitergeführt werden.

Unterrichtsverlauf

Hinführung

Lehrer deckt fünf Tierbilder auf Folie 1 (obere Leiste) auf.
Impuls: „Bestimmt warst du schon einmal im Zoo."
Schüler äußern sich.
Lehrer deckt Suchbild auf Folie 1 auf.
Impuls: „Du kannst unsere Tiere auf dem Bild entdecken."
Schüler suchen und zeigen die einzeln abgebildeten Tiere im Suchbild auf Folie 1.

Zielangabe: „Wir gestalten eine Zoogeschichte."

Erarbeitung

Zuordnen von Orff-Instrumenten

Impuls: „Zu jedem Tier passt ein Instrument besonders gut."
Schüler probieren vorbereitete Orff-Instrumente aus und ordnen jedem Tier ein Instrument zu:

- Rahmentrommel: Elefant (schwerfälliger Gang)
- Schellenkränze: Löwe (Schütteln der Mähne)
- Klanghölzer: Känguru (springende Fortbewegung)
- Xylophone: Esel („hoch – tief" für „i – a")
- Glockenspiele: Fische (sanfte Bewegungen im Wasser)

Texterarbeitung

Impuls: „Du lernst nun die Geschichte von dem kleinen Elefanten Dumbo kennen."
Lehrer teilt Arbeitsblatt aus und legt Folie 2 auf.
Schüler erlesen Text abschnittsweise.

Grafisches Darstellen von Klängen

Impuls: „Du hörst die Tiere der Geschichte noch einmal."

Arbeitsauftrag: „Überlege, welches Tier du hörst. Zeichne in das dazugehörige Kästchen auf deinem Arbeitsblatt, wie jedes Tier klingt!"

Lehrer stellt auf Instrumenten verschiedene „Tiere" dar.
Schüler nennen entsprechendes Tier und zeichnen auf Arbeitsblatt.
Nach jedem Tier einigen sich Schüler und Lehrer auf einen Gestaltungsvorschlag, der auf Folie 2 eingetragen wird, zum Beispiel:

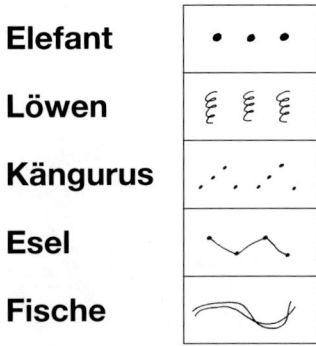

Gestalten der Klanggeschichte

- *mit Instrumenten:*
  Lehrer bzw. Schüler lesen Text abschnittweise. Zu jedem Abschnitt spielen Schüler frei auf den entsprechenden Instrumenten.

- *szenisch:*
  Die einzelnen „Tiergruppen" verteilen sich mit ihren Instrumenten im Klassenzimmer.
  „Der Elefant" spaziert von einer Gruppe zur nächsten. Während die restlichen Schüler die Geschichte vorlesen, spielen die einzelnen „Tiergruppen" an entsprechender Stelle auf ihren Instrumenten.

| NAME: | KLASSE: | DATUM: | **Arbeitsblatt** ≙ Folie 2 |

Dumbo, der kleine Elefant

In einem Zoo lebte ein Elefant. Alle Leute nannten ihn Dumbo. Einmal vergaß der Tierwärter, der Dumbo immer das Fressen brachte, das Tor zum Gehege zu schließen. Dumbo dachte: „Jetzt kann ich die Welt ansehen und zu meinen Freunden nach Afrika wandern."

 Er ging los.

 Als Erstes traf der Elefant die Löwen.
Dumbo fragte sie: „Wisst ihr den Weg nach Afrika?"
Aber die Löwen schüttelten nur ihre Mähnen und gaben keine Antwort.

 Da marschierte der kleine Elefant weiter.

 Er kam zum Gehege der Kängurus.
„Wisst ihr den Weg nach Afrika?", fragte er.
Aber die Kängurus beachteten ihn nicht, sondern hüpften lustig im Kreis herum.

 Dumbo stampfte weiter.

 Da sah er die Esel in ihrem Stall.
Er fragte sie: „Wisst ihr den Weg nach Afrika?"
Aber die Esel spazierten nur umher und riefen laut: „i-a, i-a!".

 Der kleine Elefant marschierte weiter.

 Er kam zum Aquarium mit den Fischen.
„Wisst ihr den Weg nach Afrika?", trompetete er laut.
Aber die Fische erschraken und schwammen schnell davon.

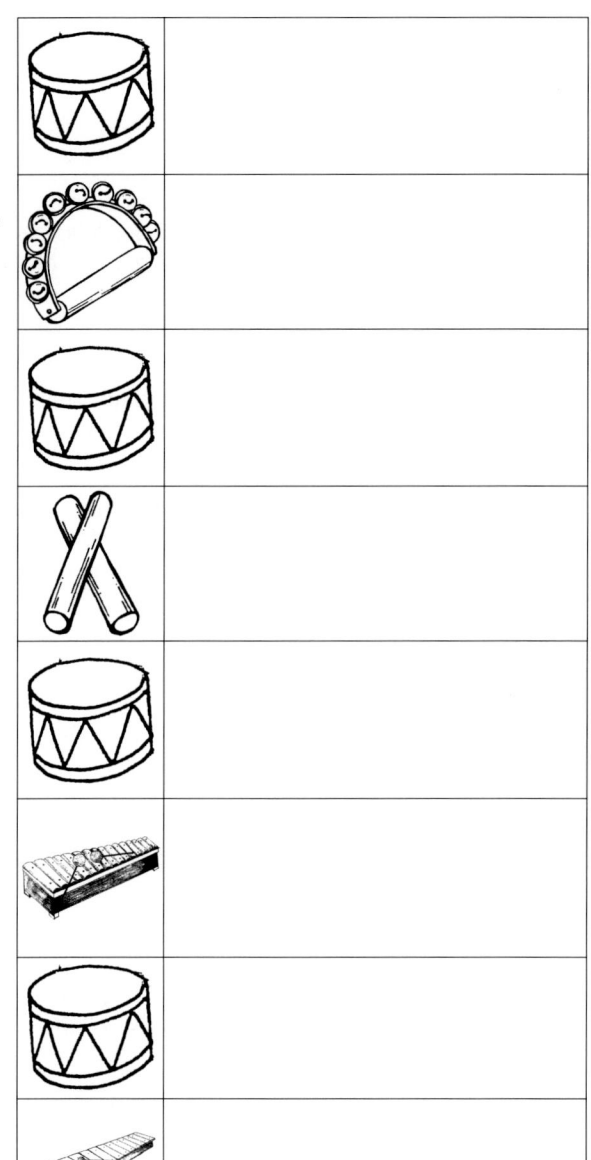

Nun wusste der kleine Elefant nicht mehr, wohin er gehen sollte. Er dachte: „Wenn ich nicht bald nach Afrika komme, werde ich verhungern." Denn er hatte bereits großen Hunger nach Heu und Blättern. Da entdeckte er den Tierwärter, der ihn schon suchte.

 Dumbo lief auf ihn zu.

Der Tierwärter brachte ihn ins Gehege zurück. Dort bekam er gleich einen großen Ballen Heu und war zufrieden.

Dumbo, der kleine Elefant

In einem Zoo lebte ein Elefant. Alle Leute nannten ihn Dumbo. Einmal vergaß der Tierwärter, der Dumbo immer das Fressen brachte, das Tor zum Gehege zu schließen. Dumbo dachte: „Jetzt kann ich die Welt ansehen und zu meinen Freunden nach Afrika wandern."

 Er ging los.

 Als Erstes traf der Elefant die Löwen.
Dumbo fragte sie: „Wisst ihr den Weg nach Afrika?"
Aber die Löwen schüttelten nur ihre Mähnen und gaben keine Antwort.

 Da marschierte der kleine Elefant weiter.

 Er kam zum Gehege der Kängurus.
„Wisst ihr den Weg nach Afrika?", fragte er.
Aber die Kängurus beachteten ihn nicht, sondern hüpften lustig im Kreis herum.

 Dumbo stampfte weiter.

 Da sah er die Esel in ihrem Stall.
Er fragte sie: „Wisst ihr den Weg nach Afrika?"
Aber die Esel spazierten nur umher und riefen laut: „i-a, i-a!".

 Der kleine Elefant marschierte weiter.

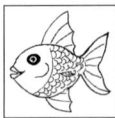 Er kam zum Aquarium mit den Fischen.
„Wisst ihr den Weg nach Afrika?", trompetete er laut.
Aber die Fische erschraken und schwammen schnell davon.

Nun wusste der kleine Elefant nicht mehr, wohin er gehen sollte. Er dachte: „Wenn ich nicht bald nach Afrika komme, werde ich verhungern." Denn er hatte bereits großen Hunger nach Heu und Blättern. Da entdeckte er den Tierwärter, der ihn schon suchte.

 Dumbo lief auf ihn zu.

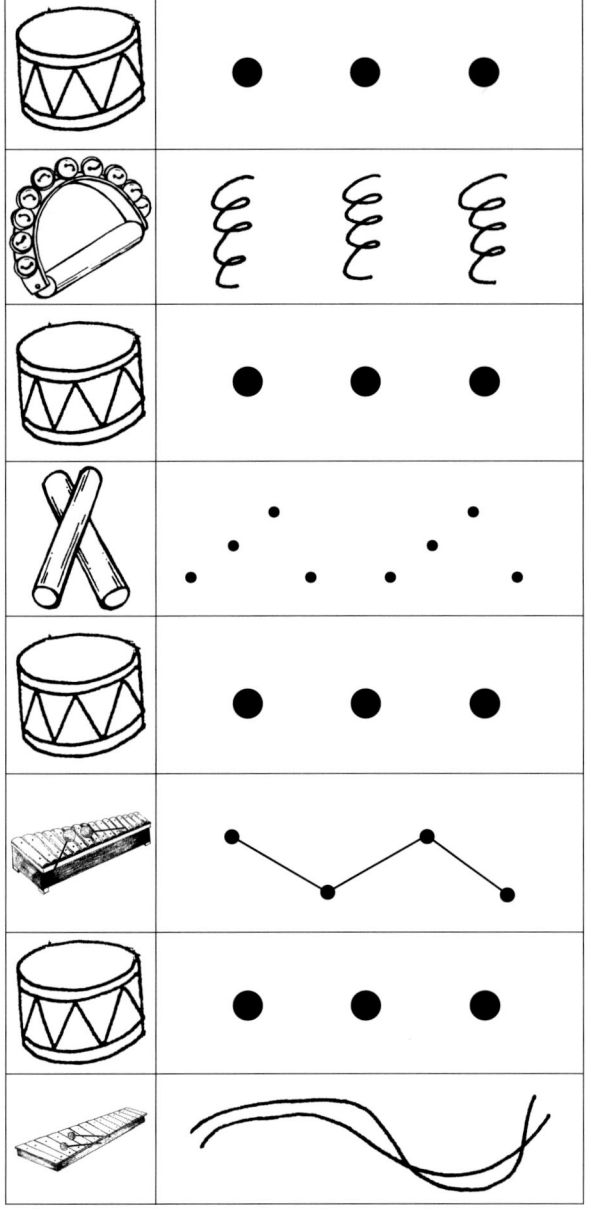

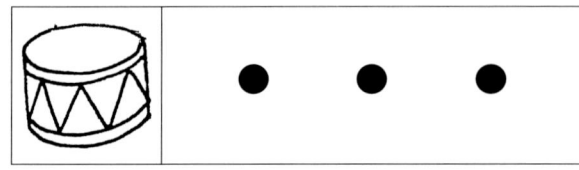

Der Tierwärter brachte ihn ins Gehege zurück. Dort bekam er gleich einen großen Ballen Heu und war zufrieden.

Musikhören: Karneval der Tiere: „Der Elefant" und „Aquarium"

LERNZIELE:
- Begegnung mit dem Komponisten Camille Saint-Saëns
- Charakterisieren und Vergleichen unterschiedlicher Musikstücke
- Bewegen zur Musik
- Heraushören von Instrumenten

MATERIAL: Porträt von Camille Saint-Saëns, Arbeitsblatt, Folien 1 und 2, Folie 2 aus 1. Unterrichtseinheit, Bilder 1 und 2 für die Tafel, Orff-Instrumente (wie in 1. Unterrichtseinheit), Hörbeispiele 24, 25

Unterrichtsverlauf

Anknüpfung

Lehrer legt Folie 1 auf.
Impuls: „Du hast eine Geschichte kennengelernt, in der diese Tiere vorkommen."
Schüler benennen die Tiere und wiederholen den Inhalt der Klanggeschichte (ohne Instrumente).

Hinführung

Impuls: „Die Tiere feiern heute ein besonderes Fest."
Lehrer legt Folie 2 über Folie 1 (Overlay).
Schüler beschreiben: „Tiere sind maskiert, feiern Fasching, Karneval."
Lehrerinformation: „Ein Komponist hat Musik zum Karneval der Tiere geschrieben."
Zielangabe: „Wir lernen Musik aus dem ‚Karneval der Tiere' kennen."
Lehrer schreibt an Tafel: *Der Karneval der Tiere*.

Begegnung mit dem Komponisten

Lehrerinformation: „Der Komponist des ‚Karneval der Tiere' heißt Camille Saint-Saëns."
Lehrer hängt Komponistenporträt an Tafel und schreibt Namen unter den Titel.
Lehrerinformation: „Der Name wird nicht so ausgesprochen, wie er geschrieben wird. ‚Saint-Saëns' ist ein französischer Name. Man spricht ‚Camij Sä-Sas' (sẽ'sã:s).
Arbeitsauftrag: „Versuche, den Namen des Komponisten richtig auszusprechen!"
Alle Schüler sprechen Namen nach.
Impuls: „Du erfährst nun etwas über das Leben von Camille Saint-Saëns."

Information zu Camille Saint-Saëns

Der französische Komponist Charles-Camille Saint-Saëns wurde am 9. Oktober 1835 in Paris geboren. Noch im gleichen Jahr starb sein Vater und so wuchs er in der Obhut seiner Mutter und seiner Großtante auf. Sehr früh schon zeigte sich Camilles außergewöhnliche Begabung: Er lernte mit zweieinhalb Jahren Lesen, als Siebenjähriger übersetzte er lateinische und griechische Texte, unternahm naturwissenschaftliche Experimente und löste komplizierte mathematische Aufgaben. Die erste musikalische Unterweisung erhielt er von seiner Großtante, die dem Zweieinhalbjährigen das Notenlesen lehrte. Bald darauf begann der kleine Camille, auch eigene Stücke zu schreiben. Mit zehn Jahren gab er in Paris ein Konzert, in dem er Werke von Mozart, Händel und Beethoven auf dem Klavier spielte. Der Erfolg war überwältigend, man feierte Saint-Saëns als Wunderkind. Im Jahre 1848 begann er mit dem Studium am Konservatorium in Paris, wo er als Pianist und Organist glänzte. Mit 39 Jahren heiratete Saint-Saëns die 19-jährige Schwester eines Schülers.
Saint-Saëns widmete sich später nur noch dem Komponieren und hatte mit seinen Werken in Deutschland zunächst mehr Erfolg als in seiner französischen Heimat. Er schrieb Opern, Sinfonien, Klavierkonzerte und viele andere Stücke, von denen jedoch – sehr zum Ärger von Saint-Saëns – keines so berühmt wurde wie der Karneval der Tiere. Er komponierte das Werk zur Faschingszeit im Jahre 1886, um seinen Schülern damit einen besonderen Spaß zu bereiten.
Camille Saint-Saëns starb am 16. Dezember 1921 in Algier.

Werkbetrachtung

„Der Elefant"

Impuls: „Du hörst ein Musikstück aus dem ‚Karneval der Tiere'."
1. Hörauftrag: „Überlege, zu welchem Tier auf der Folie die Musik passt!"
Lehrer spielt Hörbeispiel 24 vor.
Lösung: Elefant.

Lehrer heftet Bild 1 an Tafel und schreibt *Der Elefant* darüber.
Arbeitsauftrag: „Erkläre, warum die Musik zum Elefanten passt!"
Schüler beschreiben: „Musik klingt tief, schwerfällig, plump, so wie der Elefant geht."
Lehrer schreibt unter Bild 1 an die Tafel: Die Musik klingt *schwerfällig, plump*.

Impuls: „Auch du kannst dich bewegen wie ein Elefant."
Einzelne Schüler führen Bewegungen vor, zum Beispiel:
Stampfen, während linke Hand an die Nase fasst und rechte Hand über abgebogenem linken Arm ausgestreckt wird (Rüssel).

Impuls: „Du hörst die Musik des Elefanten noch einmal."
2. Hörauftrag: „Bewege dich zur Musik wie ein Elefant!"
Lehrer spielt Hörbeispiel 24 vor.
Alle Schüler bewegen sich im Raum.

„Aquarium"

Impuls: „Du lernst nun ein anderes Musikstück aus dem ‚Karneval der Tiere' kennen."
3. Hörauftrag: „Überlege, zu welchem Tierbild auf der Folie diese Musik passt!"
Lehrer spielt Hörbeispiel 25 vor.
Lösung: Fische im Aquarium.

Lehrer heftet Bild 2 an Tafel und schreibt *Aquarium* darüber.
Arbeitsauftrag: „Erkläre, warum die Musik zum Aquarium passt!"
Schüler beschreiben: „Musik klingt zart, leise, geheimnisvoll, leicht, wie Fische und Luftblasen im Wasser."
Lehrer schreibt unter Bild 2 an die Tafel: Die Musik klingt *sanft, zart*.

Lehrer teilt Arbeitsblätter aus.
Arbeitsauftrag: „Trage die Wörter an der Tafel auf deinem Arbeitsblatt bei ① ein!"
Schüler ergänzen auf Arbeitsblatt.

Impuls: „Du kannst auch die Fische und das Wasser durch Bewegung darstellen."
Einzelne Schüler führen Schwimmbewegungen (Fische) und Wellenbewegungen (Wasser) vor.
Impuls: „Du hörst die Musik des ‚Aquariums' noch einmal."
4. Hörauftrag: „Bewege dich zur Musik wie ein Fisch im Wasser!"
Lehrer spielt Hörbeispiel 25 vor.
Alle Schüler bewegen sich im Raum.

Heraushören der Instrumente

Impuls: „Auf deinem Arbeitsblatt sind verschiedene Instrumente abgebildet."
Schüler benennen die abgebildeten Instrumente:
„Geigen, Trompete, Kontrabass, Klavier, Klanghölzer."
5. Hörauftrag: „Finde heraus, welche dieser Instrumente den ‚Elefanten' von Camille Saint-Saëns spielen! Kreuze sie an!"
Lehrer spielt Hörbeispiel 24 vor.
Lösung: Kontrabass und Klavier.
Lehrer schreibt an Tafel: *Es spielen der Kontrabass und das Klavier*.

6. Hörauftrag: „Finde heraus, welche Instrumente das ‚Aquarium' spielen! Kreuze sie an!"
Lehrer spielt Hörbeispiel 25 vor.
Lösung: Geigen und Klavier.
Lehrer schreibt an Tafel: *Es spielen die Geigen und das Klavier*.
Hinweis: Auf die Tatsache, dass beim „Aquarium" ein zweites Klavier und weitere Instrumente spielen, wird hier nicht eingegangen.
Arbeitsauftrag: „Trage die Instrumente auf deinem Arbeitsblatt bei ① ein."
Schüler ergänzen auf Arbeitsblatt.

Ausklang

Lehrer legt Folie 2 aus 1. Unterrichtseinheit auf.

Impuls: „Wir lesen noch einmal die Geschichte von Dumbo und spielen mit unseren Instrumenten dazu."

Arbeitsauftrag: „Denke dabei an die Musik von Camille Saint-Saëns. Versuche, zum Elefanten und zu den Fischen so zu spielen, dass auch zu unserer Musik die Eigenschaftswörter an der Tafel passen!"

Schüler wiederholen Eigenschaftswörter.

Anschließend gemeinsames Gestalten der Klanggeschichte.

Tafelbild

Der Karneval der Tiere von Camille Saint-Saëns

Der Elefant

1. Die Musik klingt
   schwerfällig,
   plump.

2. Es spielen
   der Kontrabass
   und das Klavier.

Aquarium

1. Die Musik klingt
   sanft,
   zart.

2. Es spielen
   die Geigen
   und das Klavier.

NAME: _____ KLASSE: ____ DATUM: ____ **Arbeitsblatt**

Der Karneval der Tiere von Camille Saint-Saëns
(sprich: Camij Sä-Sa)

① **Ergänze!**

Die Musik klingt

_____

_____

Es spielen

_____

_____

Die Musik klingt

_____

_____

Es spielen

_____

_____

② **Welche Instrumente spielen? Kreuze an!**

| NAME: | KLASSE: | DATUM: | **Arbeitsblatt** Lösung |

Der Karneval der Tiere von Camille Saint-Saëns
(sprich: Camij Sä-Sa)

① **Ergänze!**

Der Elefant

Die Musik klingt

schwerfällig,

plump.

Es spielen

der Kontrabass

und das Klavier.

Aquarium

Die Musik klingt

sanft,

zart.

Es spielen

die Geigen

und das Klavier.

② **Welche Instrumente spielen? Kreuze an!**

Folie 1

Folie 2
(Overlay)

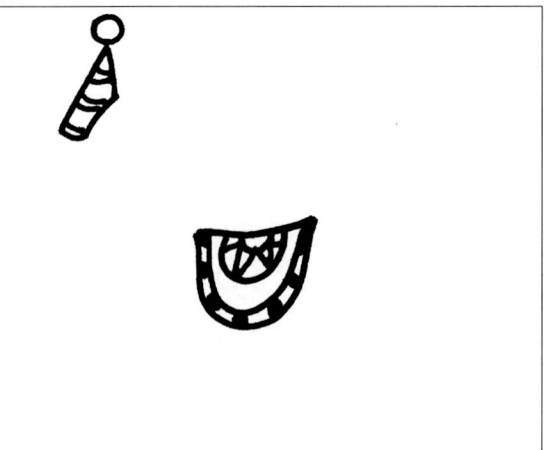

NAME: _____   KLASSE: ____   DATUM: _____   **Lernzielkontrolle**

Camille Saint-Saëns

① **Wie heißt die Musik von Camille Saint-Saëns? Kreuze an!**

        Faschingsfest im Zoo   ◯

        Karneval bei den Affen   ◯

        Karneval der Tiere   ◯

② **Wie klingt die Musik des „Elefanten" und des „Aquariums"? Mal die richtigen Luftballons aus!**

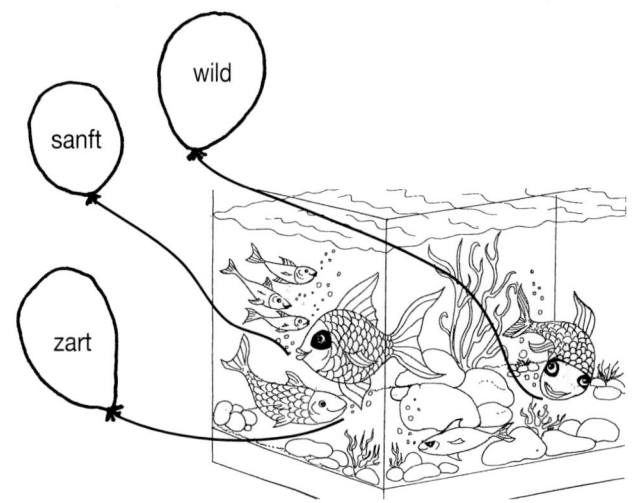

③ **Welche Instrumente spielen beim „Elefanten" und beim „Aquarium"? Verbinde richtig!**

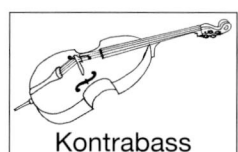
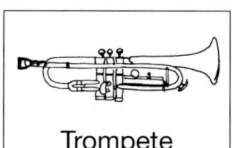

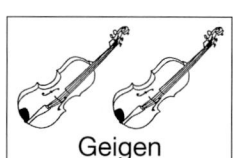

Kontrabass   Trompete   Klavier   Klanghölzer   Geigen

Der Elefant   **Das Aquarium**

④ **Was kannst du zur Musik vom „Elefanten" und vom „Aquarium" zeichnen? Zeichne in die leeren Kästchen!**

Elefant: Aquarium:

NAME: _____ KLASSE: ____ DATUM: _____

Lernzielkontrolle
Lösungsblatt

Camille Saint-Saëns

① **Wie heißt die Musik von Camille Saint-Saëns? Kreuze an!**

Faschingsfest im Zoo ○
Karneval bei den Affen ○
Karneval der Tiere ⊗

② **Wie klingt die Musik des „Elefanten" und des „Aquariums"? Mal die richtigen Luftballons aus!**

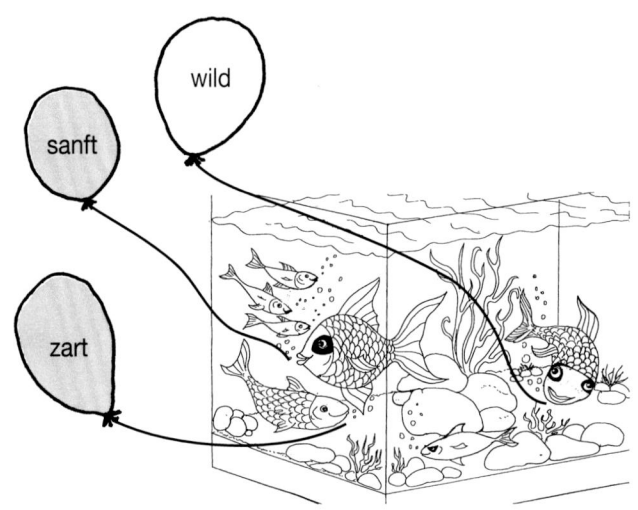

③ **Welche Instrumente spielen beim „Elefanten" und beim „Aquarium"? Verbinde richtig!**

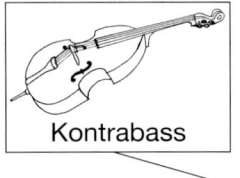 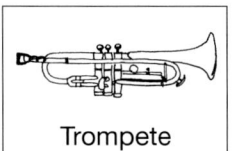  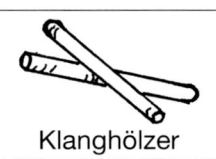 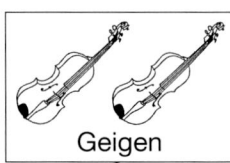
Kontrabass — Trompete — Klavier — Klanghölzer — Geigen

Der Elefant   **Das Aquarium**

④ **Was kannst du zur Musik vom „Elefanten" und vom „Aquarium" zeichnen? Zeichne in die leeren Kästchen!**

Elefant: Aquarium:

● ● ●   ～～

6. Peter Iljitsch Tschaikowsky

Musikhören: Der Nussknacker: „Blumenwalzer"

LERNZIELE: – Kennenlernen der Geschichte vom Nussknacker
– Erkennen verschiedener Teile der Musik
– Erfassen des Begriffs „Ballett"

MATERIAL: Folie, Arbeitsblatt, zusätzlich ein Exemplar für die Tafel, Bilder 1 und 2 für die Tafel, Rahmentrommel, Hörbeispiel 26 (kürzerer Ausschnitt)
HINWEIS: Alle Arbeitsblätter sollen vom Lehrer vorab in zwei Teile zerschnitten werden.

Unterrichtsverlauf

Einstimmung

Lehrererzählung: „Klara und ihr Bruder Franz sind Kinder aus einer Geschichte, die du später kennenlernen wirst. Sie vertreiben sich die Zeit mit folgendem Spiel."
Lehrer spielt auf Rahmentrommel abwechselnd leise und laute Töne.
Schüler erkennen: „leise und laute Töne".

Impuls: „Du kannst mit deinen Füßen leise und laute Töne erzeugen!"
Schüler schlagen vor: „Bei leisen Tönen auf den Boden tippen, bei lauten Tönen stampfen."
Lehrer bzw. ein Schüler spielt auf Rahmentrommel abwechselnd leise und laute Töne.
Schüler tippen bzw. stampfen dazu mit den Füßen auf den Boden.

Hinführung

Lehrer hängt Bild 1 an Tafel.
Schülern äußern sich.
Lehrer liest Geschichte „Der Nussknacker" vor und deckt dazu die einzelnen Bilder auf der Folie auf.

Der Nussknacker

Am Weihnachtsabend luden die Eltern von Klara und Franz einige Gäste zur Weihnachtsfeier ein. Auch Klaras Patenonkel Drosselmeyer kam, um mit ihnen zu feiern. Wie immer überraschte er Klara mit etwas Besonderem: Aus seiner Tasche zog er einen bunt bemalten Nussknacker. Klara rief begeistert: „Das ist mein schönstes Geschenk!"
Spät am Abend ging die Familie schlafen. Nachdem Klara auch ihren Nussknacker schlafen gelegt hatte, geschah etwas ganz Unglaubliches. Der Nussknacker wurde plötzlich lebendig und kämpfte gegen einen Mäusekönig und seine Mäuseschar. Klara warf dem Mäusekönig einen Pantoffel an den Kopf und so konnte der Nussknacker den Mäusekönig besiegen. Zum Dank für seine Errettung lud der Nussknacker Klara ins Reich der Süßigkeiten ein.
Kaum waren sie dort angelangt, verwandelte sich der Nussknacker in einen schönen Prinzen. Er holte die Zuckerfee herbei, um Klara zu Ehren ein großes Fest abzuhalten, bei dem die herrlichsten Tänze aufgeführt werden sollten. Auf einmal begannen alle möglichen Leckereien wie zum Beispiel die spanische Schokolade, der arabische Kaffee, der chinesische Tee und die russischen Pfefferminzbonbons zu tanzen.
Nun waren Klara und der Prinz ein glückliches Paar und sahen vergnügt zu, wie der Blumenwalzer getanzt wurde.

Hinweis: In einigen Fassungen des Balletts „Der Nussknacker" wird die Hauptperson Klara auch Marie genannt.
Schüler äußern sich zur Geschichte.
Impuls: „Für Klara und ihren Prinzen wurde auf dem Fest ein bestimmtes Stück getanzt!"
Schüler: „Der Blumenwalzer".
Zielangabe: Lehrer schreibt an Tafel: *Wir hören den Blumenwalzer* (wird später ergänzt!).

Werkbegegnung

Impuls: „Der Blumenwalzer besteht aus verschiedenen Teilen."
Lehrer spielt Hörbeispiel 26 vor.
Schüleräußerungen: „Die Musik klingt unterschiedlich, ein Teil klingt leise, ein anderer sehr laut."

Werkbetrachtung

Lehrer hängt beide Teile des Arbeitsblatts an Tafel.
Schüler erkennen: „Eine Blume ist klein, die andere ist groß."
Impuls: „Du kannst dir vorstellen, welche Blume für den leiseren Musikteil, welche für den lauteren Teil steht!"
Schüler: „Die kleine Blume steht für den leiseren Musikteil, die große Blume für den lauteren Teil."
Lehrer teilt pro Schüler beide Teile des Arbeitsblatts (jeweils eine große und eine kleine Blume) aus.
1. Hörauftrag: „Hebe die kleine Blume hoch, sobald du leisere Musik hörst! Hebe die große Blume hoch, sobald du lautere Musik hörst!"
Lehrer spielt Hörbeispiel 26 vor.
Schüler heben die Blumen entsprechend hoch.
Impuls: „Du kannst dich zur Musik bewegen."
2. Hörauftrag: „Wiege dich hin und her und hebe die Blumen entsprechend hoch!"
Lehrer spielt Hörbeispiel 26 vor.
Schüler bewegen sich zur Musik und heben Blumen entsprechend hoch.

Einführung des Begriffs „Ballett"

Lehrer hängt Bild 2 an Tafel.
Impuls: „Das Bild hat etwas mit der Geschichte vom Nussknacker zu tun!"
Schüler vermuten: „Die Geschichte vom Nussknacker kann getanzt werden."
Lehrerinformation: „,Der Nussknacker' wird als Ballett aufgeführt. In einem Ballett wird kein Wort gesprochen und gesungen. Der Inhalt wird tänzerisch dargestellt."
Lehrer ergänzt an Tafel die Überschrift: … *aus dem Ballett „Der Nussknacker".*

Ausklang

Impuls: „Du hörst den Blumenwalzer aus dem Ballett ‚Der Nussknacker' noch einmal."
3. Hörauftrag: „Versuche, dich zum Blumenwalzer wie ein Balletttänzer oder wie eine Balletttänzerin zu bewegen!"
Lehrer spielt Hörbeispiel 26 vor.
Schüler versuchen Balletttänzerbewegungen zur Musik.

Tafelbild

Folie

89

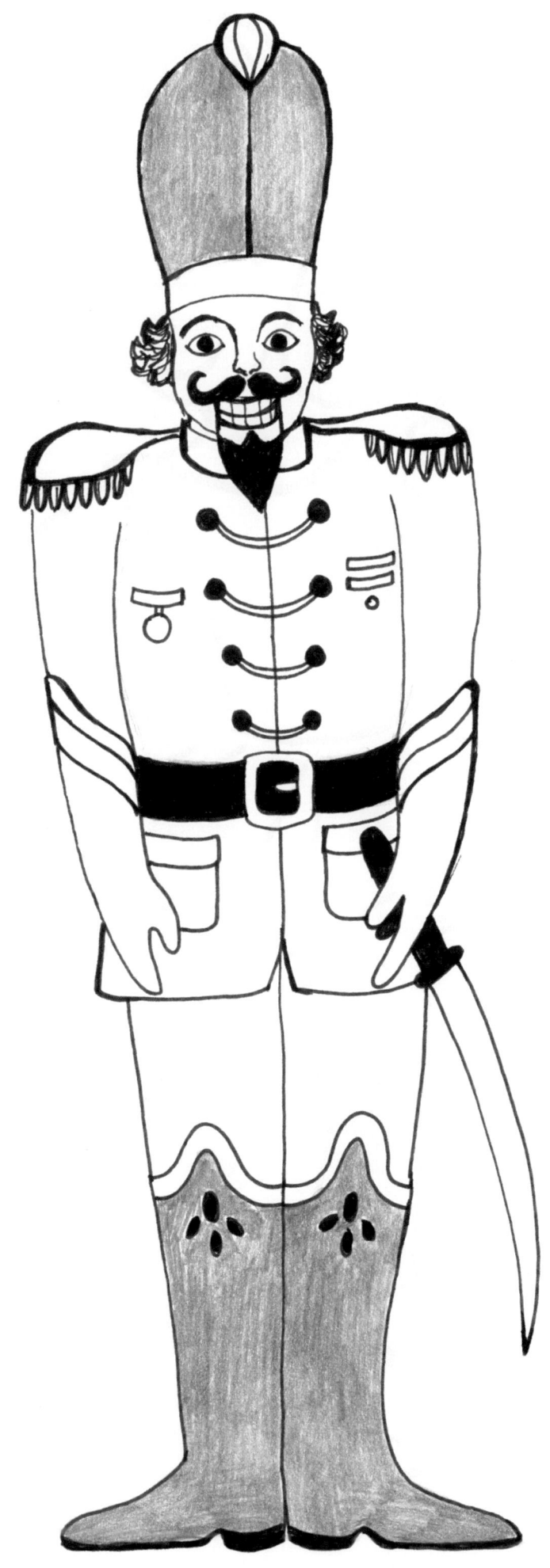

Tanzen zum Blumenwalzer

LERNZIELE: – Begegnung mit dem Komponisten Peter Iljitsch Tschaikowsky
– Freies Bewegen zur Musik
– Umsetzen leiser und lauter Musikteile in entsprechende Tanzbewegungen

MATERIAL: Porträt von Peter Iljitsch Tschaikowsky, Bild 2 (Balletttänzerpaar), und 2 Teile eines Arbeitsblattes aus 1. Unterrichtseinheit, pro Schüler 1 Tuch, Hörbeispiel 26, 27

HINWEISE: – Diese Unterrichtseinheit sollte aus Platzgründen in der Turnhalle oder im Gymnastikraum durchgeführt werden. Auf den Einsatz von Tafel oder OHP wurde deshalb verzichtet.
– Es empfiehlt sich, für die Gestaltung des Tanzes den längeren Musikausschnitt (Hörbeispiel 27) mit den Teilen „Leise – Laut – Leise – Laut" zu verwenden.

Unterrichtsverlauf

Anknüpfung

Lehrer zeigt Bild 2 aus 1. Unterrichtseinheit.
Schüler: „Das Paar tanzt im Ballett ‚Der Nussknacker'."
Impuls: „Über den Komponisten, der diese Ballettmusik geschrieben hat, erfährst du nun einiges."
Lehrer zeigt Porträt von Tschaikowsky.

Information zu Peter Iljitsch Tschaikowsky

Peter Iljitsch Tschaikowsky wurde 1840 in Russland geboren. Seine Mutter erteilte ihm schon als Kind Klavierunterricht. Leider verstarb sie früh. Dies war für den damals 14-jährigen Peter ein schreckliches Ereignis. Später arbeitete er zunächst als Beamter in einem Büro. Mit 22 Jahren gab er diese Tätigkeit auf und trat in das Konservatorium Sankt Petersburg ein. Dort erlernte er die Regeln der Musik.
Mit 37 Jahren heiratete er, doch war er mit seiner Frau nicht glücklich und verließ sie bald. Er hatte lange Jahre eine Brieffreundin, Nadeschda von Meck, die begeistert von Tschaikowskys Musik war. Sie schickte ihm regelmäßig Geld, damit er Zeit zum Komponieren hatte und keinen anderen Beruf ausüben musste.
Er starb mit 53 Jahren an derselben Krankheit wie seine Mutter, an der Cholera.
Tschaikowsky schuf viele Werke, darunter auch Ballettmusik wie „Schwanensee", „Dornröschen" und „Der Nussknacker".
Die Geschichte vom Nussknacker geht auf eine Erzählung von E. T. A. Hoffmann zurück. Das Ballett „Der Nussknacker" wurde im Dezember 1892 in Sankt Petersburg uraufgeführt, fand jedoch beim Publikum keinen großen Gefallen. Erst 40 Jahre später wurde das Ballett ein großer Erfolg. Es wird heute noch meist in der Weihnachtszeit aufgeführt.
Von kaum einem anderen Ballett gibt es so viele verschiedene Fassungen. So heißt die Klara in manchen Aufführungen Marie. Neben der Hauptrolle, die immer von einem Kind getanzt wird, bietet „Der Nussknacker" viele andere Kinderrollen. Bei der Uraufführung waren zum Beispiel 59 Kinder als Schneeflöckchen auf der Bühne.

Lehrer zeigt Bild 2 (Balletttänzerpaar) aus 1. Unterrichtseinheit.
Impuls: „Du bist eingeladen, zum Blumenwalzer zu tanzen."

Zielangabe: „Wir tanzen zum Blumenwalzer."
Lehrer teilt Tücher aus.
1. Hörauftrag: „Bewege dich mit dem Tuch zur Musik! Berühre dabei kein anderes Kind! Setze dich auf den Boden, sobald die Musik zu Ende ist!"
Lehrer spielt Hörbeispiel 26 vor.
Schüler bewegen sich frei zur Musik.

Lehrer zeigt beide Teile des Arbeitsblatts aus der 1. Unterrichtseinheit.
Impuls: „Du erinnerst dich an die verschiedenen Teile der Musik!"
Schüler: „Die kleine Blume steht für den leiseren Musikteil, die große Blume für den lauteren Teil."

Arbeitsauftrag: „Zeige, wie wir uns mit den Tüchern zur leiseren und lauteren Musik bewegen können!"
Einzelne Schüler machen Vorschläge.

Impuls: „Wir üben gemeinsam einen Tanz ein!"

Vorschlag zur Tanzausführung für Hörbeispiel 27 (längerer Ausschnitt):

Aufstellung im Kreis (bei großer Klasse auch 2 Kreise möglich).

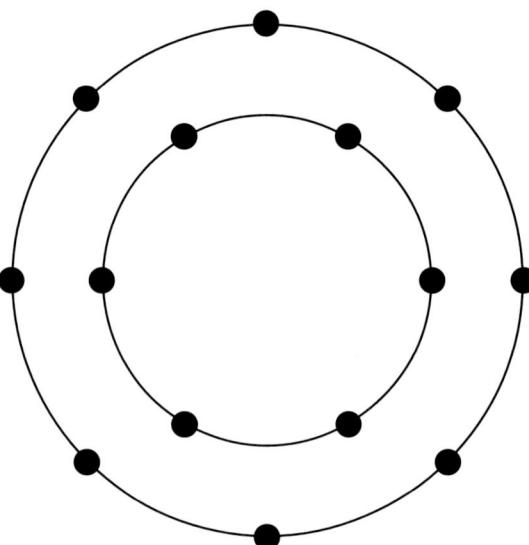

Jeder Schüler schwingt im Rhythmus des Wiegeschrittes sein Tuch beim leiseren Musikteil auf Kniehöhe, beim lauteren Musikteil über dem Kopf (Armbewegung wie liegende Acht).

Hinweis: Für eine Aufführung vor Publikum eignet sich besser eine Aufstellung in mehreren Reihen hintereinander mit dem Gesicht zum Zuschauer gewandt oder eine Aufstellung in ein bzw. zwei Halbkreisen.

 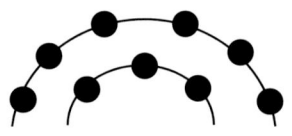

Ausklang

Impuls: „Du kannst dir vorstellen, wann und wo es heute noch Gelegenheit gibt, zu dieser Musik zu tanzen."
Schüler äußern sich: „Auf Hochzeiten, im Ballsaal, auf Feiern."

Hinweis: Falls der Lehrer oder ein Schüler im Besitz eines Videos vom Ballett „Der Nussknacker" ist, kann zum Schluss ein Ausschnitt aus dem „Blumenwalzer" gezeigt werden.

NAME: _____ KLASSE: ____ DATUM: _____ **Lernzielkontrolle**

DER NUSSKNACKER

① Welcher Komponist schrieb das Ballett „Der Nussknacker"? Kreuze an!

○ Wolfgang Amadeus Mozart
○ Antonio Vivaldi
○ Peter Iljitsch Tschaikowsky

② Was weißt du über das Ballett? Setze das passende Wort ein!

In einem Ballett wird eine Geschichte _____.

 gesungen
 getanzt
 gesprochen

③ Wie heißt die gehörte Musik? Male die richtige Blume aus!

ROSENWALZER

NELKENTANZ

BLUMENWALZER

④ Was gehört zusammen? Verbinde jeden Satz mit der richtigen Blume!

Die gehörte Musik klingt leise.

Die gehörte Musik klingt laut.

NAME: _____ KLASSE: ____ DATUM: _____

Lernzielkontrolle
Lösungsblatt

DER NUSSKNACKER

① **Welcher Komponist schrieb das Ballett „Der Nussknacker"? Kreuze an!**

○ Wolfgang Amadeus Mozart
○ Antonio Vivaldi
⊗ Peter Iljitsch Tschaikowsky

② **Was weißt du über das Ballett? Setze das passende Wort ein!**

In einem Ballett wird eine Geschichte *getanzt*.

gesungen — getanzt — gesprochen

③ **Wie heißt die gehörte Musik? Male die richtige Blume aus!**

ROSENWALZER — NELKENTANZ — BLUMENWALZER

④ **Was gehört zusammen? Verbinde jeden Satz mit der richtigen Blume!**

Die gehörte Musik klingt leise.

Die gehörte Musik klingt laut.

7. Engelbert Humperdinck

Musikhören: Hänsel und Gretel (Ausschnitte)

LERNZIELE: – Begegnung mit dem Komponisten Engelbert Humperdinck
– Kennenlernen des Märchens
– Zuordnen von Ausschnitten aus der Oper „Hänsel und Gretel"

MATERIAL: Porträt von Engelbert Humperdinck, Folie, Arbeitsblatt, 3 Bilder für die Tafel, Hörbeispiele 28, 29, 30; 4 Wortkarten: | wild | | traurig | | glücklich | | fröhlich |

HINWEIS: Das Märchen „Hänsel und Gretel" gibt es in vielen Varianten. Die hier verwendete Fassung lehnt sich an den Text der Oper „Hänsel und Gretel" an.

Unterrichtsverlauf

Einstimmung

Lehrer legt Folie auf.
Impuls: „Dieses Bild zeigt dir Personen aus einem bekannten Märchen."
Schüler vermuten.
Zielangabe: Lehrer schreibt an Tafel *Hänsel und Gretel*.

Texterarbeitung

Lehrer liest Märchentext auf Arbeitsblatt vor.
Schüler erzählen Text mit eigenen Worten nach.
Lehrer teilt Arbeitsblatt aus.
Schüler erlesen Text abschnittweise.
Arbeitsauftrag: „Schneide die drei Bilder auf deinem Arbeitsblatt aus und klebe sie in die leeren Rahmen neben dem Text!"
Schüler führen Arbeitsauftrag aus (siehe Lösungsblatt).
Differenzierung: Schnelle Leser beantworten Fragen zum Text auf Arbeitsblatt.

Begegnung mit Komponisten und Werk

Impuls: „Ein Mann hat sich die Musik dazu ausgedacht!"
Lehrer heftet Porträt von Engelbert Humperdinck an Tafel.
Schüler vermuten.

Information zu Engelbert Humperdinck

Engelbert Humperdinck wurde am 9. 1. 1854 in Siegburg bei Bonn geboren. Seine Mutter erteilte ihm als Kind die ersten Klavierstunden. Als Jugendlicher komponierte er eigene Stücke. Humperdinck studierte später Musik, sein großes Vorbild war Richard Wagner, für den er als Assistent am Bayreuther Festspielhaus arbeitete.
Weltruhm errang Humperdinck mit seiner ersten Oper „Hänsel und Gretel", in der auch zwei Volkslieder, „Ein Männlein steht im Walde" und „Suse, liebe Suse" verarbeitet wurden.
Die Oper wurde 1893 in Weimar uraufgeführt. Richard Strauss dirigierte. Innerhalb weniger Monate eroberte „Hänsel und Gretel" alle Bühnen Deutschlands.
Engelbert Humperdinck starb am 27. 9. 1921 in Neustrelitz (Neubrandenburg).

Lehrerinformation: „In der Oper ‚Hänsel und Gretel' wird fast nur gesungen."
Lehrer heftet die Bilder 1, 2, 3 ungeordnet an Tafel.
1. Hörauftrag: „Du hörst drei Musikausschnitte. Versuche herauszufinden, welche Personen aus dem Märchen singen!"
Lehrer spielt Hörbeispiele 28, 29 und 30 vor.
Schüler nennen nach jedem Hörbeispiel Sänger.
Lehrer ordnet Bilder und schreibt Namen unter entsprechendes Bild:

Hörbeispiel 28 (= „Brüderchen, komm tanz mit mir"): Hänsel und Gretel (tanzend)
Hörbeispiel 29 (= „Hexenfluch"): Hexe
Hörbeispiel 30 (= „Knusperwalzer"): Hänsel und Gretel (befreit von der Hexe)

Werkbetrachtung

Lehrer hängt vier Wortkarten ungeordnet an Seitentafel.
Impuls: „Zu jedem Musikausschnitt passt ein Wort besonders gut."
Schüler kleben passende Wortkarte unter das Bild (die Wortkarte „traurig" bleibt übrig) und begründen ihre Wahl.
2. Hörauftrag: „Zeige, wenn du die Musik hörst, wie sich die Personen fühlen! Die Bilder und Wortkarten helfen dir."
Lehrer spielt Hörbeispiele 28, 29, 30 vor.
Schüler stellen dazu pantomimisch Gefühle dar.

Tafelbild

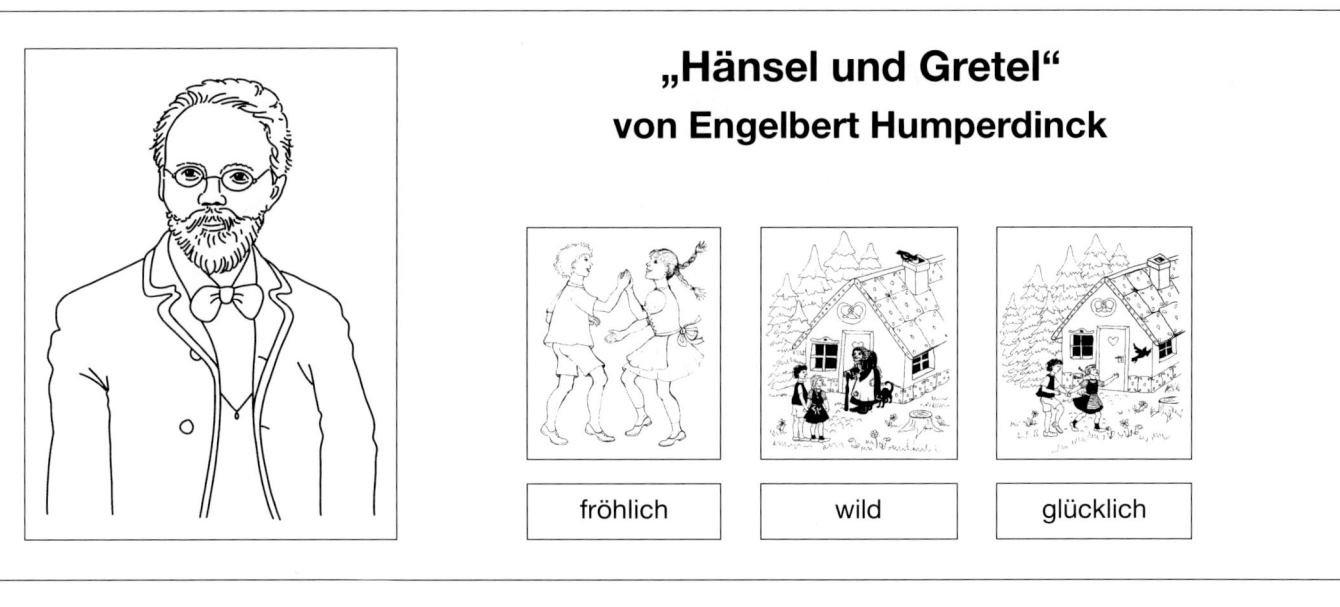

Folie

Das Märchen von Hänsel und Gretel

1 Es war einmal ein Besenbinder, der mit seiner Frau und seinen beiden
2 Kindern Hänsel und Gretel in einer Hütte nahe am Wald wohnte. Alle
3 mussten hart arbeiten und selbst dann hatten sie nicht immer genug zu
4 essen. Eines Nachmittags waren Hänsel und Gretel wieder allein zu
5 Hause. Zuerst arbeiteten die Kinder fleißig, doch dann begannen sie zu
6 singen, zu tanzen und zu toben.
7 Als die Mutter nach Hause kam und das sah, wurde sie böse und schickte
8 sie zur Strafe in den Wald, um Erdbeeren zu suchen. Kurze Zeit später
9 kehrte der Vater zurück. Er war gut gelaunt, denn er hatte alle Besen ver-
10 kauft und zu essen und zu trinken mitgebracht. Als er erfuhr, dass die
11 Kinder noch so spät im Wald waren, erzählte er der Mutter eine grausame
12 Geschichte: Tief im Wald wohnt die böse Knusperhexe, die Kinder
13 anlockt und in Lebkuchen verzaubert. Voller Angst liefen die Eltern in den
14 Wald, um ihre Kinder zu suchen. Hänsel und Gretel hatten inzwischen ihre
15 Erdbeerkörbchen gefüllt und im Spiel nicht bemerkt, dass es langsam
16 dunkel wurde. Sie waren so tief in den finsteren Wald hineingeraten, dass
17 sie den Heimweg nicht mehr finden konnten. Immer unheimlicher kam
18 ihnen der Wald vor. Die Kinder fürchteten sich sehr, als sie sich zum
19 Schlafen niederlegten.
20 Am nächsten Morgen standen sie plötzlich vor einem Häuschen im Wald,
21 ganz aus Lebkuchen und Zuckerwerk gebaut. Die beiden hatten großen
22 Hunger und deshalb brachen sie ein Stück von den herrlichen Leckereien
23 ab. Zu spät erkannten sie, dass es das Haus der bösen Hexe war. Schon
24 machte sie im Backofen Feuer. Dann vollführte die Hexe aus Freude über
25 den gelungenen Fang einen wilden Hexenritt mit vielen Hexensprüchen.
26 Als die Hexe Gretel zeigte, wie sie die Hitze im Backofen prüfen müsse,
27 wurde sie von den beiden Kindern mit einem kräftigen Stoß in den Ofen
28 geschoben. So hatten Hänsel und Gretel die Hexe besiegt. Die Kinder
29 lachten und sangen vor Freude. Nun wurde der Wald wieder hell und licht,
30 sodass die Eltern, die schon lange vergeblich nach Hänsel und Gretel
31 gesucht hatten, die beiden fanden.

Unterstreiche die Antworten im Text:

1. Was machten Hänsel und Gretel, als sie allein zu Hause waren?
2. Wie zeigte die Hexe ihre Freude über den gelungenen Fang?
3. Wie freuten sich Hänsel und Gretel, nachdem sie die Hexe besiegt hatten?

Das Märchen von Hänsel und Gretel

1 Es war einmal ein Besenbinder, der mit seiner Frau und seinen beiden
2 Kindern Hänsel und Gretel in einer Hütte nahe am Wald wohnte. Alle
3 mussten hart arbeiten und selbst dann hatten sie nicht immer genug zu
4 essen. Eines Nachmittags waren Hänsel und Gretel wieder allein zu
5 Hause. <u>Zuerst arbeiteten die Kinder fleißig, doch dann begannen sie zu
6 singen, zu tanzen und zu toben.</u>
7 Als die Mutter nach Hause kam und das sah, wurde sie böse und schickte
8 sie zur Strafe in den Wald, um Erdbeeren zu suchen. Kurze Zeit später
9 kehrte der Vater zurück. Er war gut gelaunt, denn er hatte alle Besen ver-
10 kauft und zu essen und zu trinken mitgebracht. Als er erfuhr, dass die
11 Kinder noch so spät im Wald waren, erzählte er der Mutter eine grausame
12 Geschichte: Tief im Wald wohnt die böse Knusperhexe, die Kinder

13 anlockt und in Lebkuchen verzaubert. Voller Angst liefen die Eltern in den
14 Wald, um ihre Kinder zu suchen. Hänsel und Gretel hatten inzwischen ihre
15 Erdbeerkörbchen gefüllt und im Spiel nicht bemerkt, dass es langsam
16 dunkel wurde. Sie waren so tief in den finsteren Wald hineingeraten, dass
17 sie den Heimweg nicht mehr finden konnten. Immer unheimlicher kam
18 ihnen der Wald vor. Die Kinder fürchteten sich sehr, als sie sich zum
19 Schlafen niederlegten.
20 Am nächsten Morgen standen sie plötzlich vor einem Häuschen im Wald,
21 ganz aus Lebkuchen und Zuckerwerk gebaut. Die beiden hatten großen
22 Hunger und deshalb brachen sie ein Stück von den herrlichen Leckereien
23 ab. Zu spät erkannten sie, dass es das Haus der bösen Hexe war. Schon
24 machte sie im Backofen Feuer. <u>Dann vollführte die Hexe aus Freude über
25 den gelungenen Fang einen wilden Hexenritt mit vielen Hexensprüchen.</u>

26 Als die Hexe Gretel zeigte, wie sie die Hitze im Backofen prüfen müsse,
27 wurde sie von den beiden Kindern mit einem kräftigen Stoß in den Ofen
28 geschoben. So hatten Hänsel und Gretel die Hexe besiegt. <u>Die Kinder
29 lachten und sangen vor Freude.</u> Nun wurde der Wald wieder hell und licht,
30 sodass die Eltern, die schon lange vergeblich nach Hänsel und Gretel
31 gesucht hatten, die beiden fanden.

Unterstreiche die Antworten im Text:

1. Was machten Hänsel und Gretel, als sie allein zu Hause waren?
2. Wie zeigte die Hexe ihre Freude über den gelungenen Fang?
3. Wie freuten sich Hänsel und Gretel, nachdem sie die Hexe besiegt hatten?

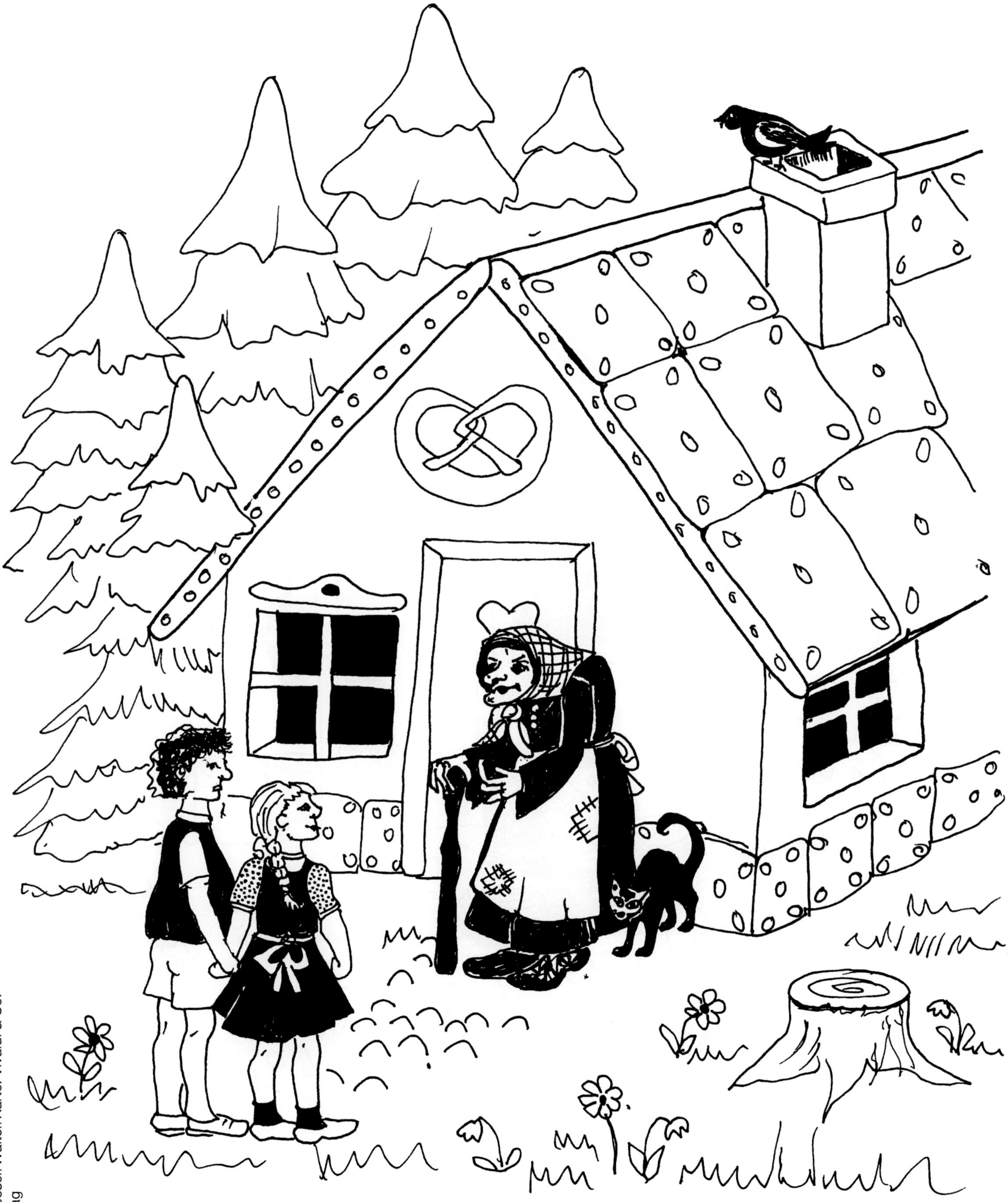

Tanzlied: „Brüderchen, komm tanz mit mir"

LERNZIELE:
- Kennenlernen des Liedtextes
- Erkennen, dass das Lied als Duett gesungen wird
- paarweises Tanzen zum Lied

MATERIAL: Folie aus 1. Unterrichtseinheit, 1 Bild für Tafel, Arbeitsblatt 1 (Liedtext) und 2 (Hänsel und Gretel), pro Schüler eine Wäscheklammer, Hörbeispiel 28

HINWEISE:
- Für jeden Schüler soll **entweder** ein Bild der Gretel **oder** ein Bild des Hänsel (jeweils halbes Arbeitsblatt) und eine Wäscheklammer vorbereitet sein.
- Das Lied „Brüderchen, komm tanz mit mir" existiert in vielen Varianten. Die hier gewählte Fassung entspricht dem Duett der Oper.

Unterrichtsverlauf

Anknüpfung

Lehrer legt Folie aus 1. Unterrichtseinheit auf.
Schüler erzählen kurz Inhalt des Märchens „Hänsel und Gretel" nach.
Lehrer schreibt an Tafel: *Hänsel und Gretel von Engelbert Humperdinck*
Lehrer hängt Bild von Hänsel und Gretel an Tafel.
Impuls: „Dieses Bild passt zu einer bestimmten Stelle unseres Märchens."
Schüler: „Hänsel und Gretel tanzen zusammen."
Zielangabe: Lehrer schreibt an Tafel: *„Brüderchen, komm tanz mit mir"*

Textbegegnung

Lehrer teilt Arbeitsblatt 1 (Liedtext) aus.
Schüler erlesen Text abschnittweise.
Impuls: „Unseren Text sprechen verschiedene Personen."
Schüler: „Hänsel und Gretel".
Arbeitsauftrag: „Fahre alle Sprechblasen rot nach, in denen Gretel spricht! Fahre alle Sprechblasen blau nach, in denen Hänsel spricht!"
Schüler erledigen Arbeitsauftrag und lesen anschließend Text mit verteilten Rollen.

Werkbegegnung

Lehrer teilt Hälften von Arbeitsblatt 2 („Hänsel" und „Gretel") aus. Jeder Schüler erhält **entweder** Bild von „Hänsel" **oder** von „Gretel".
1. Hörauftrag: „Du hörst jetzt, wie unser Text als Lied in der Oper klingt.
Hebe das Bild von ‚Hänsel' hoch, wenn du ihn singen hörst, hebe das Bild von ‚Gretel' hoch, wenn du sie singen hörst!"
Schüler hören Hörbeispiel 28 und heben Bilder entsprechend hoch.

Einüben der Tanzschritte

Lehrer bespricht mit Schülern die Tanzanweisungen zu den einzelnen Strophen (s. Seite 109).
Lehrer teilt jedem Schüler eine Wäscheklammer aus. Schüler heften sich Bild von Hänsel *oder* Gretel an den Pullover.
2. Hörauftrag: „Tanze am Platz, wenn du an der Reihe bist!"
Lehrer spielt Hörbeispiel 28 vor.
Schüler bewegen sich zur Musik.

3. Hörauftrag: „Suche dir einen Partner! (Paar: Hänsel und Gretel)
Tanze zur Musik!"
Lehrer spielt Hörbeispiel 28 vor.
Schüler bewegen sich paarweise zur Musik.

Ausklang

Tanzspiel:
Schüler stellen sich in zwei Kreisen auf, je zwei Kinder schauen sich an.
Alle Kinder mit Gretelbild stehen im Innenkreis, alle Kinder mit Hänselbild im Außenkreis. Die Kinder tanzen paarweise zu Hörbeispiel 28.

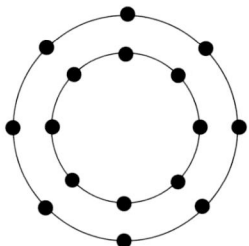

Nach Ende des Hörbeispiels gehen die Kinder des Innenkreises im Uhrzeigersinn zum nächsten Partner und tanzen wieder paarweise zu Hörbeispiel 28 (wie Tanzanleitung auf S. 109).
Das Tanzspiel kann fortgesetzt werden, bis die ursprünglichen Paare wieder zusammen tanzen.

Tafelbild

Hänsel und Gretel
von Engelbert Humperdinck
„Brüderchen, komm tanz mit mir"

Brüderchen, komm tanz mit mir

	Text	**Tanzanleitung**
Gretel:	Brüderchen, komm tanz mit mir, beide Hände reich ich dir!	– Gretel gibt Hänsel die Hände.
	Einmal hin, einmal her,	– Hänsel und Gretel bewegen sich mit gefassten Händen hin und her.
	rund herum, es ist nicht schwer!	– Hänsel und Gretel drehen sich paarweise.
Hänsel:	Tanzen soll ich armer Wicht, Schwesterchen, und kann es nicht!	– Hänsel schüttelt Kopf.
	Darum zeig mir, wie es Brauch,	– Hänsel deutet auf Gretel.
	dass ich tanzen lerne auch!	– Hänsel deutet auf sich.
Gretel:	Mit den Füßchen tapp, tapp, tapp,	– Gretel stampft dreimal.
	mit den Händchen klapp, klapp, klapp,	– Gretel klatscht dreimal.
	einmal hin, einmal her,	– Hänsel und Gretel bewegen sich mit gefassten Händen hin und her.
	rund herum, es ist nicht schwer!	– Hänsel und Gretel drehen sich paarweise.
Hänsel:	Mit den Füßchen tapp, tapp, tapp,	– Hänsel stampft dreimal.
	mit den Händchen klapp, klapp, klapp,	– Hänsel klatscht dreimal.
	einmal hin, einmal her,	– Hänsel und Gretel bewegen sich mit gefassten Händen hin und her.
	rund herum, es ist nicht schwer!	– Hänsel und Gretel drehen sich paarweise.
Gretel:	Ei, das hast du gut gemacht! Ei, das hätt ich nicht gedacht!	– Gretel klopft Hänsel auf Schulter.
	Seht nur doch den Hänsel an, wie der Tanzen lernen kann!	– Gretel deutet auf Hänsel.
	Mit dem Köpfchen nick, nick, nick,	– Gretel nickt dreimal.
	mit den Fingerchen tick, tick, tick,	– Gretel tippt Zeigefinger aneinander.
	einmal hin, einmal her,	– Hänsel und Gretel bewegen sich mit gefassten Händen hin und her.
	rund herum, es ist nicht schwer!	– Hänsel und Gretel drehen sich paarweise.
Hänsel:	Mit dem Köpfchen nick, nick, nick,	– Hänsel nickt dreimal.
	mit den Fingerchen tick, tick, tick,	– Hänsel tippt Zeigefinger aneinander.
	einmal hin, einmal her,	– Hänsel und Gretel bewegen sich mit gefassten Händen hin und her.
	rund herum, es ist nicht schwer!	– Hänsel und Gretel drehen sich paarweise.

NAME: _____ KLASSE: _____ DATUM: _____ **Arbeitsblatt 1**

Brüderchen, komm tanz mit mir

Brüderchen, komm tanz mit mir,
beide Hände reich ich dir!
Einmal hin, einmal her,
rund herum, es ist nicht schwer!

Tanzen soll ich armer Wicht,
Schwesterchen, und kann es nicht!
Darum zeig mir, wie es Brauch,
dass ich tanzen lerne auch!

Mit den Füßchen tapp, tapp, tapp,
mit den Händchen klapp, klapp, klapp,
einmal hin, einmal her,
rund herum, es ist nicht schwer!

Mit den Füßchen tapp, tapp, tapp,
mit den Händchen klapp, klapp, klapp,
einmal hin, einmal her,
rund herum, es ist nicht schwer!

Ei, das hast du gut gemacht!
Ei, das hätt ich nicht gedacht!
Seht nur doch den Hänsel an,
wie der Tanzen lernen kann!

Mit dem Köpfchen nick, nick, nick,
mit den Fingerchen tick, tick, tick,
einmal hin, einmal her,
rund herum, es ist nicht schwer!

Mit dem Köpfchen nick, nick, nick,
mit den Fingerchen tick, tick, tick,
einmal hin, einmal her,
rund herum, es ist nicht schwer!

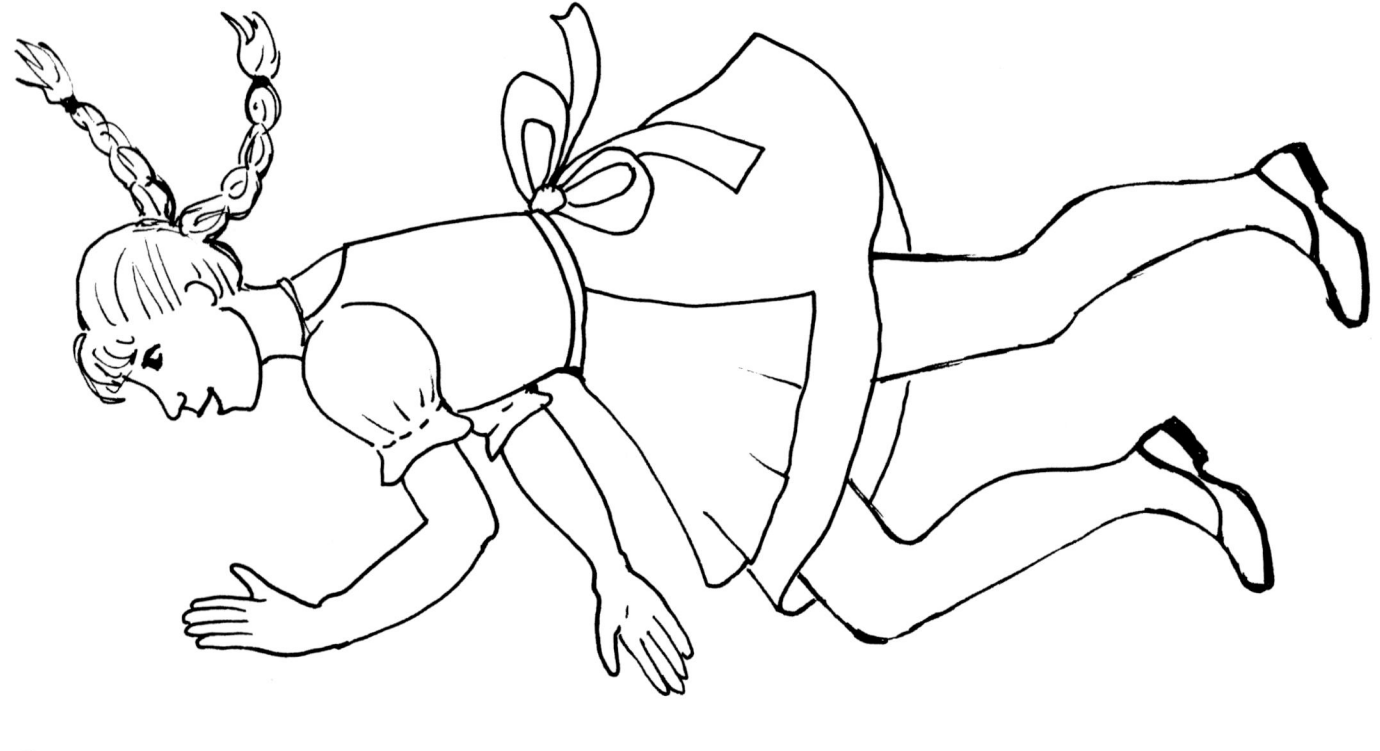
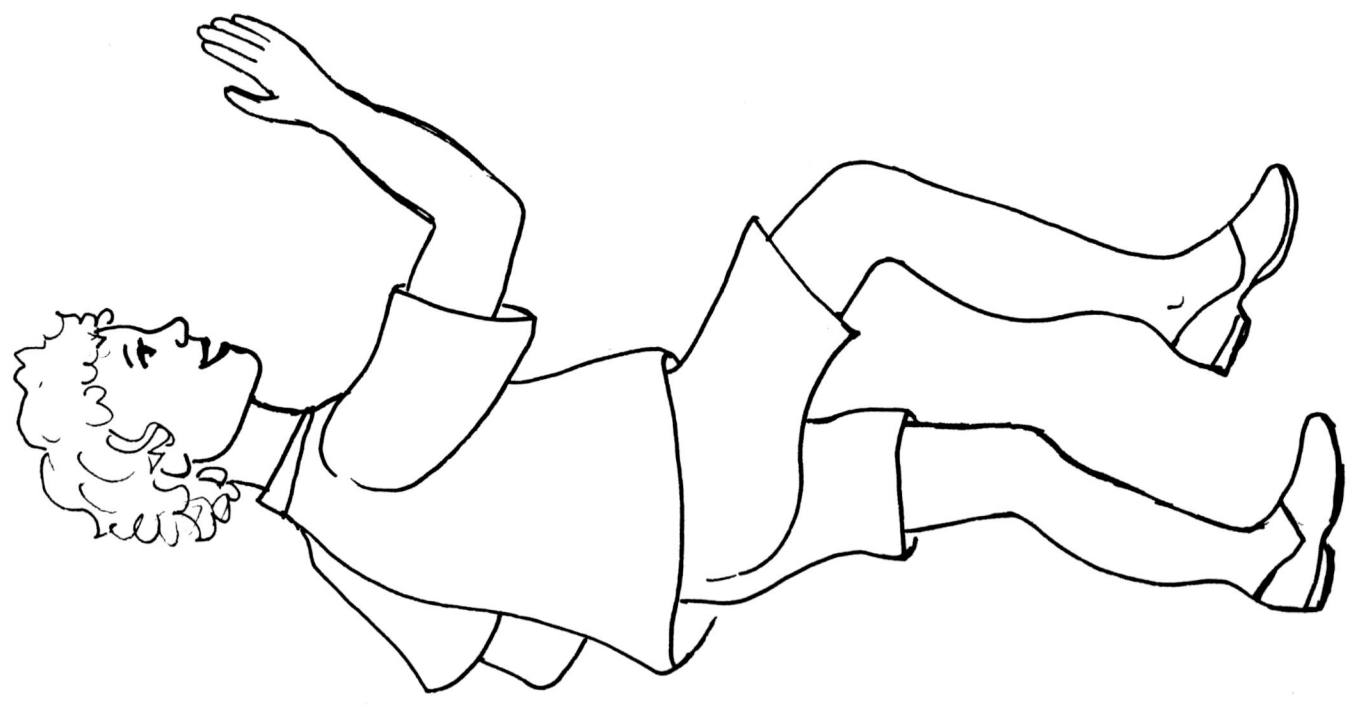

NAME: _____ KLASSE: _____ DATUM: _____ **Lernzielkontrolle**

① **Wie heißt der Komponist der Oper „Hänsel und Gretel"?**

○ Wolfgang Amadeus Mozart
○ Ludwig van Beethoven
○ Engelbert Humperdinck

② **Wer singt in der Oper „Hänsel und Gretel" das Lied „Brüderchen, komm tanz mit mir"? Male die richtigen Noten aus!**

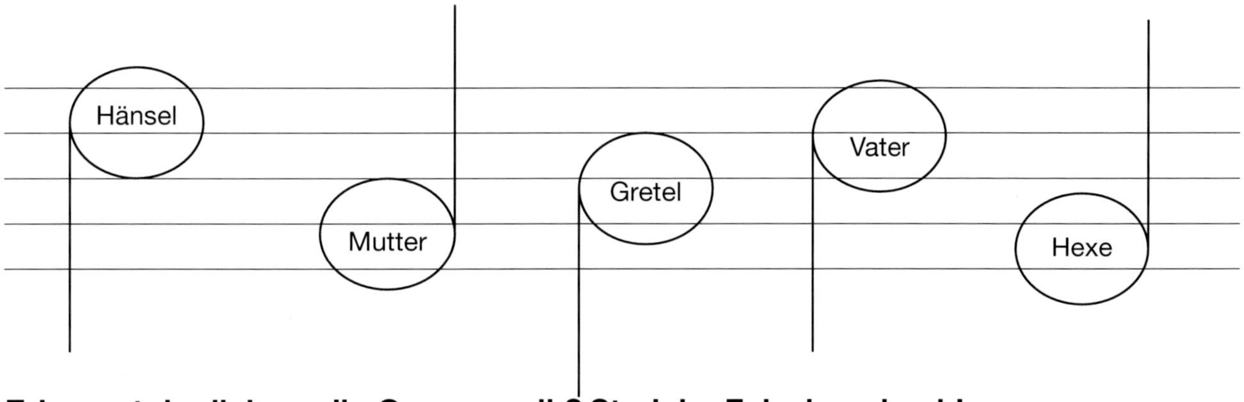

Hänsel
Mutter
Gretel
Vater
Hexe

③ **Erinnerst du dich an die Opernmusik? Streiche Falsches durch!**

Das Lied der Hexe klingt

| lustig | traurig | wild |

Das Lied „Brüderchen, komm tanz mit mir" klingt

| zornig | fröhlich | traurig |

NAME: _____ KLASSE: ____ DATUM: _____

Lernzielkontrolle
Lösungsblatt

① **Wie heißt der Komponist der Oper „Hänsel und Gretel"?**

○ Wolfgang Amadeus Mozart
○ Ludwig van Beethoven
⊗ Engelbert Humperdinck

② **Wer singt in der Oper „Hänsel und Gretel" das Lied „Brüderchen, komm tanz mit mir"? Male die richtigen Noten aus!**

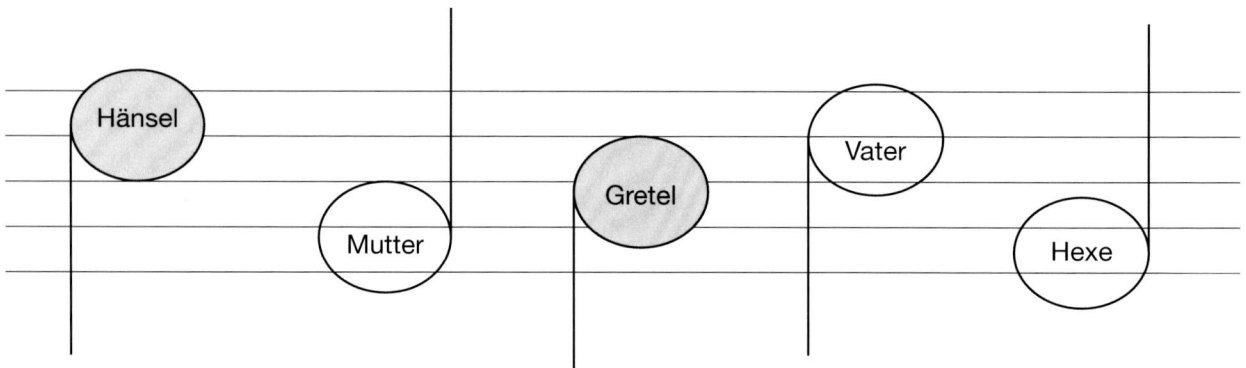

③ **Erinnerst du dich an die Opernmusik? Streiche Falsches durch!**

Das Lied der Hexe klingt

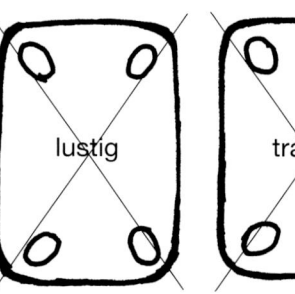 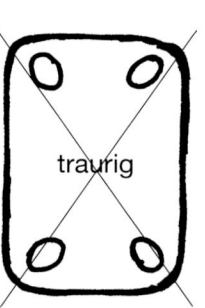 
~~lustig~~ ~~traurig~~ wild

Das Lied „Brüderchen, komm tanz mit mir" klingt

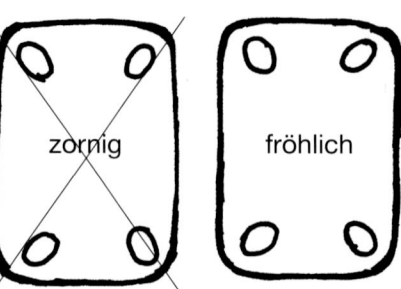 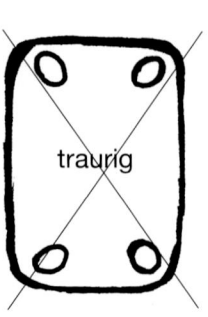
~~zornig~~ fröhlich ~~traurig~~

8. Richard Strauss

Vertonung der Geschichte: „Wie die Sonne in das Land Malon kam"

LERNZIELE: – Kennenlernen der Geschichte
– Einsetzen von Orff-Instrumenten, um musikalische Stimmungen auszudrücken
– Vertonen der Geschichte

MATERIAL: Lesetext, Folie, Orff-Instrumente, z. B. Stabspiele (alle ohne „f" und „h"): Xylophone, Metallophone, Glockenspiele; Schlaginstrumente: z. B. Klanghölzer, Holzblocktrommel, Triangel, Schellenkranz, Rahmentrommel, Becken

HINWEISE: – Zu dieser Unterrichtseinheit ist kein Tafelbild vorgesehen.
– Es sollte für jeden Schüler ein Orff-Instrument vorhanden sein.
Falls nicht genügend Instrumente vorhanden sind, können mehrere Schüler gleichzeitig an einem Stabspiel spielen, einfache Holzstöcke (z. B. Kochlöffelstiele) können als Klanghölzerersatz dienen.

Unterrichtsverlauf

Einstimmung

Schüler sitzen im Kreis um Orff-Instrumentarium und schließen die Augen.
Lehrer spielt einzelne Instrumente an.
Schüler erraten Instrumente, beschreiben den Klang und probieren Instrumente aus.
Zielangabe: „Mit diesen Instrumenten gestalten wir heute die Geschichte ‚Wie die Sonne in das Land Malon kam'."

Textbegegnung und Erschließung

Lehrer bzw. Schüler lesen Geschichte abschnittweise vor.
Lehrer deckt zu jedem der Abschnitte das entsprechende Bild auf Folie auf.
Schüler äußern sich zu jedem Abschnitt und beschreiben die entsprechende Stimmung.
Partnerarbeit: Schüler überlegen, welche Instrumente am besten zu den jeweiligen Abschnitten passen, und begründen ihre Wahl.
Lehrer fasst Ergebnisse zusammen und trägt Instrumentennamen unter entsprechendes Bild auf Folie ein (siehe Lösungsblatt).

Musikalische Ausgestaltung

Lehrer bzw. Schüler lesen den Text abschnittweise (evtl. mit verteilten Rollen).
Nach jedem gelesenen Abschnitt spielen die Schüler frei auf den entsprechenden Instrumenten.

Wertung

Schüler fassen mithilfe der Folie zusammen, welche Instrumente die jeweiligen Stimmungen am besten musikalisch ausdrücken können.

Wie die Sonne in das Land Malon kam

1 Malon heißt das Land, das hinter hohen Bergen versteckt liegt. Früher stieg dort die
2 Sonne niemals über die Bergspitzen. So war es in diesem Land immer Nacht – stock-
3 finstere Nacht.

4 Die Malonen – so heißen die Einwohner dieses Landes – trugen immer Windlichter mit
5 sich herum. So hatten sie etwas Helligkeit in ihrer Finsternis. Sie waren eigenartige Leute,
6 diese Malonen. Jeder von ihnen wohnte ganz allein in seinem Haus. Kein Malone mochte
7 nämlich den anderen leiden. Einer war auf den anderen neidisch und misstraute ihm.

8 Da geschah es eines Tages! Es kam ein Wanderer nach Malon. Das Gesicht des Fremden
9 war hell und freundlich. Die Malonen waren sehr verwundert über den Besucher. „Wo ist
10 die Sonne?", fragte der Fremde. „Die Sonne, was ist das? Wir haben noch nie etwas
11 davon gehört", antworteten ihm die Malonen. Nur ein uralter Malone erinnerte sich, vor
12 langer Zeit etwas von der Sonne gehört zu haben, und er bat den Wanderer: „Erzähle uns
13 etwas von der Lampe am Himmel, der großen Himmelsleuchte."

14 Da begann der Wanderer zu erzählen: „Die Sonne ist eine helle, gelbe Kugel. Jeden Mor-
15 gen steigt sie am Himmel auf. Rot leuchtet sie zuerst. Dann wird sie gelb. Wenn sie hoch
16 am Himmel steht, strahlt sie wie Gold und schickt Licht und Wärme auf die Erde. Ihre wär-
17 menden Strahlen wecken die Vögel in den Nestern. In der Sonne öffnen sich die Knospen
18 der Sträucher und Bäume. Die Blumen öffnen ihre Blütenkelche und die Buben und
19 Mädchen genießen die warmen Sonnenstrahlen und springen vor Freude im Freien um-
20 her." So erzählte der Wanderer Tag für Tag wunderschöne Sonnengeschichten. Die Malo-
21 nen lauschten seinen Geschichten. Ja, sie saßen bald Tag und Nacht und horchten und
22 staunten. In ihren Herzen aber wuchs ein Verlangen. Eine große Sehnsucht wurde wach,
23 eine Sehnsucht nach dem Licht der Sonne, nach ihrer Helligkeit und Wärme. Eines Tages
24 nun musste der Wanderer weiterziehen. Er war lange genug in Malon gewesen und
25 sprach: „Wenn man von der Sonne erzählt, muss man sie immer wieder sehen, sonst wird
26 ihr Bild in einem schwach. Deshalb gehe ich wieder fort von hier!"

27 Die Malonen waren sehr traurig, dass ihnen niemand mehr von der Sonne erzählte. Was
28 sollten sie jetzt tun? Sollten sie wieder in ihre Häuser zurückkehren? Nein, das wollten sie
29 nun nicht mehr. Beisammen sein, miteinander reden und essen, einander helfen, hatten
30 sie erfahren, ist schöner. Auch gaben die vielen Windlichter zusammen mehr Schein als
31 nur ein einzelnes. So blieben sie zusammen und arbeiteten miteinander. Jeden Morgen
32 aber zogen sie hinaus aus ihrer Stadt auf einen Hügel und riefen gemeinsam:
33   „Sonne, liebe Sonne fein, liebe Sonne!
34   Komm mit deinem Sonnenschein, Sonne, liebe Sonne!
35   Komm in unser Haus hinein, Sonne, liebe Sonne!"

36 Da geschah eines Tages das Wunder. Es wurde heller und heller. Hinter den Bergen stieg
37 strahlend und schön die Sonne empor. Rot leuchtete sie zunächst. Dann wurde sie gelb.
38 Als sie ganz hoch am Himmel stand, glänzte sie wie pures Gold. Während die Sonne
39 aufging, tanzten die Malonen. Sie streckten ihre Arme der Sonne entgegen und
40 klatschten. Voll Freude riefen sie: „Schaut, jetzt ist sie da! Das muss sie sein – die
41 Sonne, das Licht, auf das wir so lange warteten."
42 Sie sangen ein Sonnenlied, weil es endlich auch bei ihnen hell und warm geworden war.

Folie
Lösungsvorschlag

Wie die Sonne in das Land Malon kam

Zeile 1–7

z. B. Klanghölzer
z. B. Holzblocktrommel
z. B. Rahmentrommel

Zeile 8–13

z. B. Xylophone

Zeile 14–26

z. B. Glockenspiele

Zeile 27–35

z. B. Triangel
(begleitet Reim
„Sonne liebe Sonne")

Zeile 36–42

z. B. Becken
z. B. Schellenkranz
z. B. Trommeln

Szenische Darstellung der Geschichte: „Wie die Sonne in das Land Malon kam"

LERNZIELE: – Kennenlernen des Liedes
– Szenische Darstellung der Geschichte

MATERIAL: Lesetext aus 1. Unterrichtseinheit, Folie aus 1. Unterrichtseinheit, Folie, evtl. einige Taschenlampen, die in der 1. Unterrichtseinheit verwendeten Instrumente, Hörbeispiele 31

HINWEISE: – Für diese Unterrichtseinheit ist kein Tafelbild vorgesehen.
– Die Sonne auf der Folie sollte koloriert werden.

Unterrichtsverlauf

Anknüpfung

Lehrer legt Folie aus 1. Unterrichtseinheit (Bilder zur Geschichte der Malonen) auf.
Schüler wiederholen Inhalt der Geschichte anhand der Bilder.
Zielangabe: „Wir gestalten die Geschichte ‚Wie die Sonne in das Land Malon kam' als Theaterstück."

Szenische Darstellung

Arbeitsauftrag: „Überlege, wie du die Geschichte spielen könntest!"
Lehrer bzw. Schüler lesen Geschichte abschnittweise vor und nennen nach jedem Abschnitt Ideen zur szenischen Gestaltung.

Vorschlag zur pantomimischen Darstellung

1. Abschnitt: Malonen gehen mit finsterem Gesicht herum, halten eingeschaltete Taschenlampen wie Kerzen in
(Z. 1–7) beiden Händen.

2. Abschnitt: Wanderer kommt mit fröhlichem Gesicht, ein Malone leuchtet ihn an.
(Z. 8–13)

3. Abschnitt: Alle Malonen leuchten auf Wanderer und sitzen um ihn herum.
(Z. 14–26) Wanderer „erzählt" (pantomimisch)

4. Abschnitt: Wanderer geht weg, Malonen schauen ihm traurig hinterher, gehen mit eingeschalteten Taschen-
(Z. 27–35) lampen herum, bleiben stehen und sprechen (pantomimisch) Reim: „Sonne, liebe Sonne,..."
Triangel begleitet Reim.

5. Abschnitt: Lehrer zieht langsam Abdeckung von Folie nach unten weg: Sonne „geht auf".
(Z. 36–42) Malonen heben Arme und klatschen.
Kinder spielen auf Orff-Instrumenten, wie in 1. Unterrichtseinheit.

Liederarbeitung

Impuls: „Lehrer liest letzten Satz des Lesetexts noch einmal vor. „Sie sangen ein Sonnenlied, weil es endlich auch bei ihnen hell und warm geworden war!"
Schüler schlagen vor: „Wir könnten am Ende unseres Theaterstücks auch ein Lied singen..."
Lehrer deckt oberen Teil der Folie (Sonnenlied) auf.
Schüler erlesen Text abschnittweise.
Lehrer singt Melodie mit Text auf „lala" vor (evtl. mithilfe von Hörbeispiel 31).
Schüler singen nach und lernen Lied mit Text zu Hörbeispiel 31.
Während des Singens können passende Gesten dazu gemacht werden.

Gesamtgestaltung

Schüler stellen Geschichte szenisch dar, die Vertonung mit Orff-Instrumenten erfolgt wie in der 1. Unterrichtseinheit nach jedem Abschnitt.
Zum Schluss singen alle Schüler gemeinsam das Sonnenlied.

Gestaltungsvorschlag:

- abgedunkelter Raum, OHP mit abgedeckter Folie (abgedeckte, kolorierte Sonne),
- die Schüler werden in drei Gruppen eingeteilt:
    1. Gruppe: Schüler, die die Geschichte laut lesen (evtl. mit verteilten Rollen).
    2. Gruppe: Schüler, die die Geschichte pantomimisch darstellen.
    3. Gruppe: Schüler, die nach jedem Abschnitt auf Orff-Instrumenten spielen (siehe 1. Unterrichtseinheit).
- Während die 1. Gruppe den Text laut liest, spielt die 2. Gruppe dazu pantomimisch die Geschichte.
- Die 3. Gruppe ergänzt die szenische Gestaltung mit Orff-Instrumenten, wie in der 1. Unterrichtseinheit.
- Lehrer zieht im 5. Abschnitt langsam Abdeckung von Folie nach unten weg: Sonne „geht auf".
- Gemeinsames Singen des Sonnenliedes.

Groß ist die Sonne

Groß ist die Sonne

Groß ist die Son - ne, hell und warm ihr Schein.

Nie - mand kann oh - ne die Son - ne sein.

Ei - ne schwar - ze Wol - ke hat sie zu - ge - deckt.

Doch da ruft sie: „Hier bin ich, ich hab mich nur ver - steckt."

Musikhören: „Also sprach Zarathustra"

LERNZIELE:
– Begegnung mit dem Komponisten Richard Strauss
– Heraushören verschiedener Instrumente
– Begleitung der gehörten Musik
– Umsetzen von Musik in Bewegung

MATERIAL: Porträt von Richard Strauss, Folie aus 1. Unterrichtseinheit, sechs Bilder für Tafel, für szenische Darstellung: Material aus 2. Unterrichtseinheit, Hörbeispiel 32

HINWEIS: Der Sonnentanz zur Musik „Also sprach Zarathustra" kann in die szenische Darstellung der Geschichte „Wie die Sonne in das Land Malon kam" eingebaut werden. Eine geeignete Stelle ist beim Symbol im Lesetext.

Unterrichtsverlauf

Anknüpfung

Lehrer legt Folie aus 1. Unterrichtseinheit (Bilder zur Geschichte der Malonen) auf.
Schüler wiederholen kurz den Inhalt.

Impuls: „Die Musik, die du hörst, passt zu einem Bild besonders gut."
Lehrer spielt Hörbeispiel 32 vor.
Schüler erkennen: „Die Musik passt zu Bild 5 (Sonnenaufgang)."

Zielangabe: „Wir hören Musik, die zum Sonnenaufgang passt."

Begegnung mit Werk und Komponist

Lehrerinformation: „Die Musik heißt: ‚Also sprach Zarathustra'. Es gibt eine Geschichte, in der ein Mann namens ‚Zarathustra' zur Sonne spricht. Ein bekannter Komponist hat dazu eine Musik geschrieben."
Lehrer schreibt *„Also sprach Zarathustra"* an Tafel und heftet Porträt an Tafel.
Lehrer schreibt *Richard Strauss* an Tafel und gibt Information zu Richard Strauss:

Information zu Richard Strauss

Richard Strauss wurde am 11. 6. 1864 in München geboren. Sein Vater war Orchestermusiker und der kleine Richard erhielt bereits mit vier Jahren Klavierunterricht, später lernte er auch Geige. Seine ersten Kompositionen entstanden, bevor er Buchstaben richtig schreiben konnte, und schon während seiner Gymnasialzeit wurden einige Kompositionen öffentlich aufgeführt.

Später war Richard Strauss ein erfolgreicher Dirigent und berühmter Komponist. Er starb im Alter von 85 Jahren in Garmisch. Sein Werk umfasst viele Lieder, Opern und so genannte „Tondichtungen". Das sind Musikstücke, in denen Strauss interessante Charaktere musikalisch beschreibt, z. B. „Don Quichotte", „Till Eulenspiegel" und „Also sprach Zarathustra".

Die Tondichtung „Also sprach Zarathustra", benannt nach dem philosophischen Werk von Friedrich Nietzsche, entstand 1896. Der Komposition stellte Strauss „Zarathustras Rede an die Sonne" voran.

Strauss wollte nicht Nietzsches Philosophie vertonen, sondern die Empfindungen, die der Text bei ihm auslöste. „Also sprach Zarathustra" wurde anfangs kritisiert und falsch gedeutet, schließlich aber doch noch ein großer Erfolg.

Werkbetrachtung

1. Hörauftrag: „Versuche, einige Instrumente herauszuhören!"
Lehrer spielt Hörbeispiel 32 vor.
Schüler nennen „Trompete (oder anderes Blasinstrument), Trommel, …"

Impuls: Lehrer heftet sechs geknickte Bilder (nur Instrumente sichtbar) ungeordnet an die Seitentafel und lässt sechs Schüler herauskommen.

2. Hörauftrag: „Finde heraus, in welcher Reihenfolge die Instrumente vorkommen!"
Lehrer spielt Hörbeispiel 32 vor.
Schüler hören Musik und die sechs Schüler heften Bilder in richtiger Reihenfolge an Tafel.

Impuls: „Du kannst die Schläge der Pauke mit deinem Körper nachmachen!"
Schüler nennen Möglichkeiten, z. B. stampfen, auf Bank klopfen …

3. Hörauftrag: „Klopfe auf die Bank, wenn du die Pauke hörst!"
Lehrer spielt Hörbeispiel 32 vor, Schüler führen Hörauftrag aus.

4. Hörauftrag: „Die Malonen tanzten zum Sonnenaufgang. Bewege dich so, wie die Sonne aufgeht!"
Einzelne Schüler machen Vorschläge.
Lehrer spielt Hörbeispiel 32 vor.
Schüler bewegen sich zur Musik.

Lehrer klappt untere Bildhälften aus.

Impuls: „Die Bewegungen für einen gemeinsamen Sonnentanz zeigen dir die Bilder an der Tafel."
Lehrer und Schüler besprechen Bildsymbole und studieren Tanz mithilfe von Hörbeispiel 32 ein. (Vorschlag zur Tanzaufführung auf Seite 124.)

Tafelbild

Vorschlag zur Tanzausführung für Hörbeispiel 32:

Aufstellung im Innenkreis

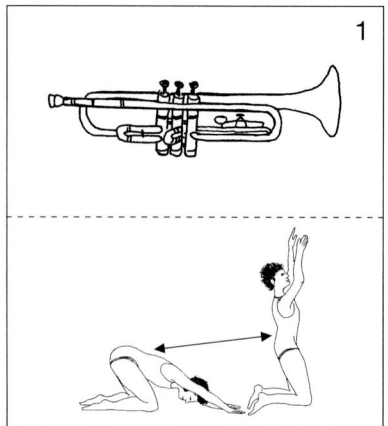

Schüler knien am Boden, richten sich zum Kniestand auf, Arme heben sich dabei nach oben.

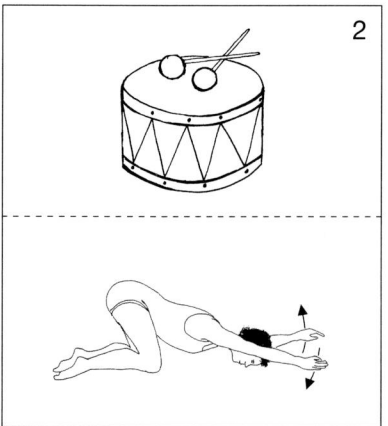

Schüler trommeln mit den Händen auf den Boden.

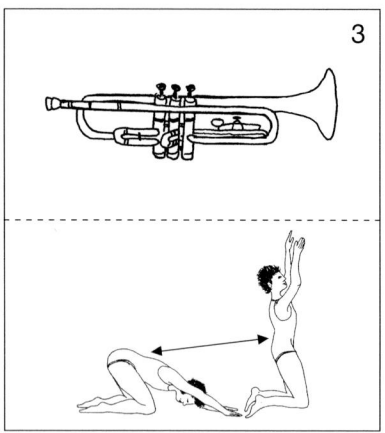

Schüler knien am Boden, richten sich zum Kniestand auf, Arme heben sich dabei nach oben.

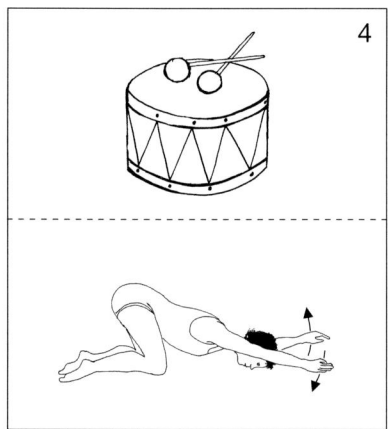

Schüler trommeln mit den Händen auf den Boden.

Schüler kommen über Kniestand langsam zum Stehen.

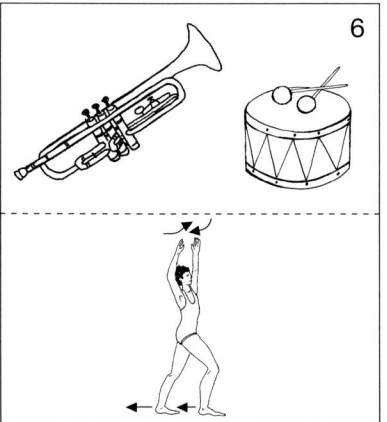

Wenn alle Schüler mit erhobenen Armen stehen, bewegen sie sich langsam rückwärts und vergrößern damit den Kreis, dann klatschen alle in die Hände.

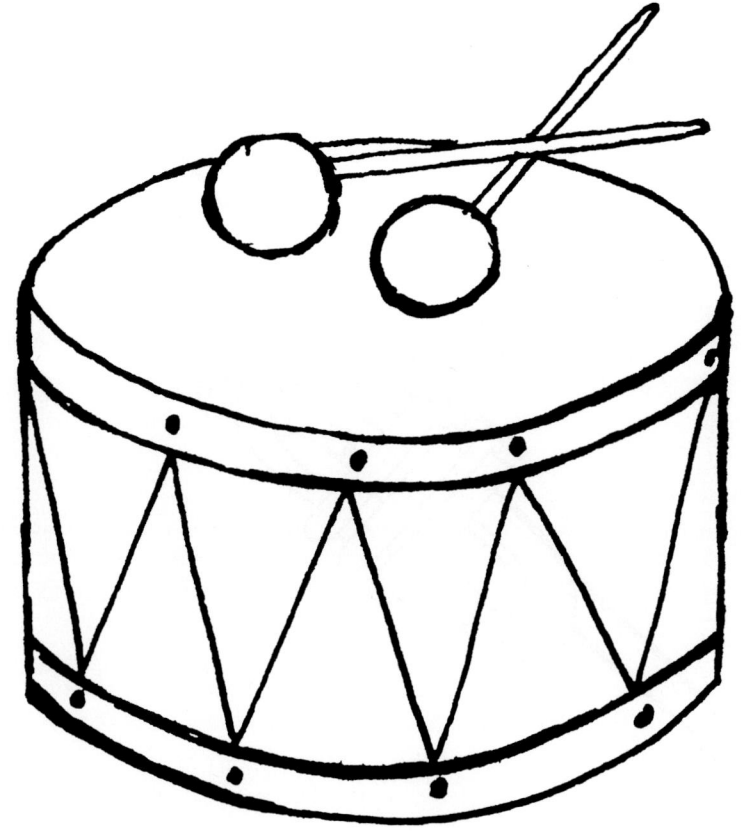

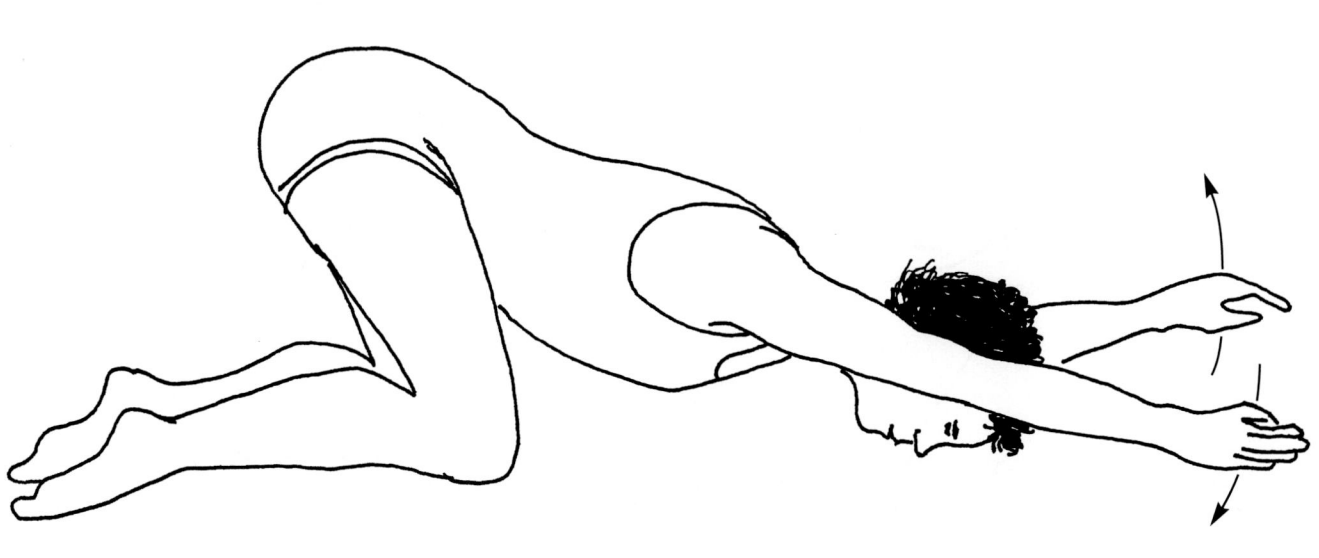

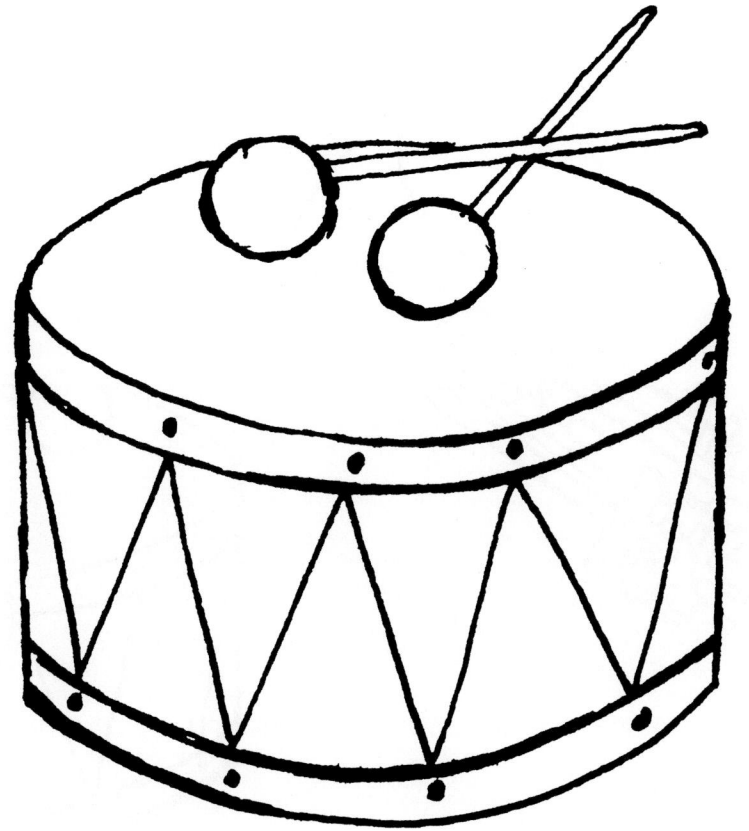
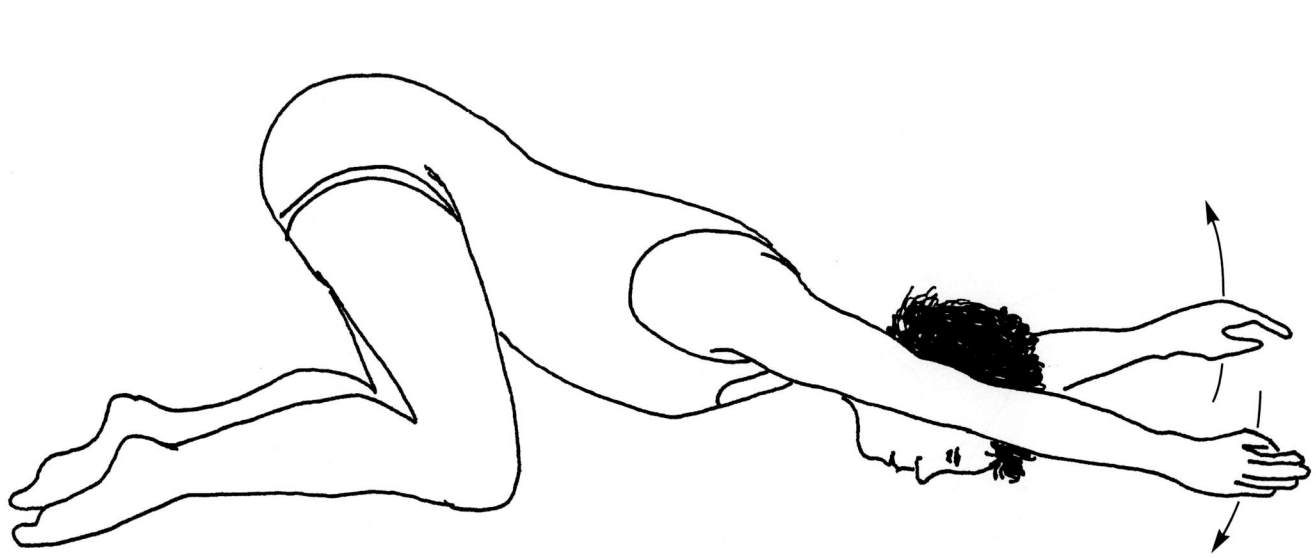

NAME: _____ KLASSE: ____ DATUM: _____ **Lernzielkontrolle**

① **Wie die Sonne in das Land Malon kam.**
Male die Nummern der richtigen Sätze im Bild farbig aus! Streiche falsche Sätze durch!

Im Land der Malonen war es früher immer Nacht. ②
Die Malonen wollten die Sterne sehen. ⑥
Die Malonen wollten die Sonne sehen. ①
Ein Wanderer kam zu den Malonen. ④
Er führte die Malonen wieder zusammen. ⑦
Die Malonen hatten viele Besucher. ⑤
Als die Sonne aufging, klatschten die Malonen. ③

② **Wie heißt der Komponist des Musikstücks „Also sprach Zarathustra"?**
Ergänze die Buchstaben!

| | | c | | d | | | | | | s | s |

③ **Welche Instrumente hörst du im Musikstück „Also sprach Zarathustra"?**
Verbinde die richtigen Linien mit der Sonne!

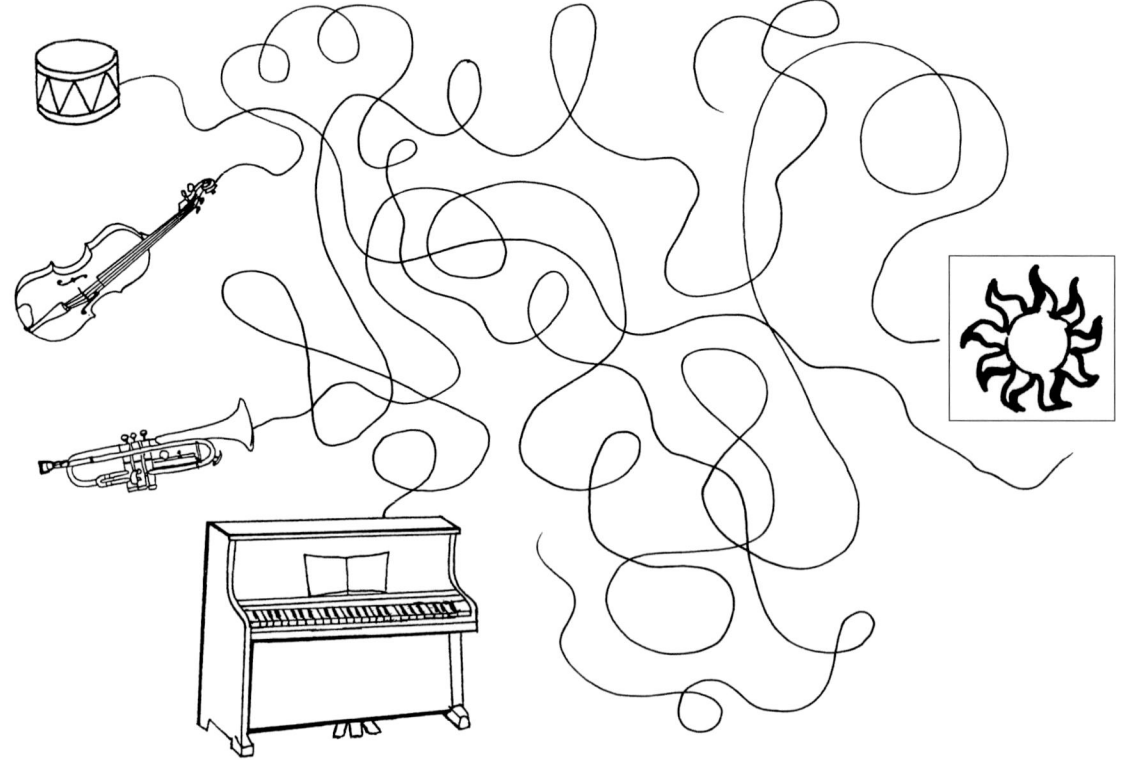

NAME: _____ KLASSE: ____ DATUM: ____

Lernzielkontrolle
Lösungsblatt

① **Wie die Sonne in das Land Malon kam.
Male die Nummern der richtigen Sätze im Bild
farbig aus! Streiche falsche Sätze durch!**

Im Land der Malonen war es früher immer Nacht. ②

~~Die Malonen wollten die Sterne sehen.~~ ⑥

Die Malonen wollten die Sonne sehen. ①

Ein Wanderer kam zu den Malonen. ④

Er führte die Malonen wieder zusammen. ⑦

~~Die Malonen hatten viele Besucher.~~ ⑤

Als die Sonne aufging, klatschten die Malonen. ③

② **Wie heißt der Komponist des Musikstücks „Also sprach Zarathustra"?
Ergänze die Buchstaben!**

| R | i | c | h | a | r | d | | S | t | r | a | u | s | s |

③ **Welche Instrumente hörst du im Musikstück „Also sprach Zarathustra"?
Verbinde die richtigen Linien mit der Sonne!**

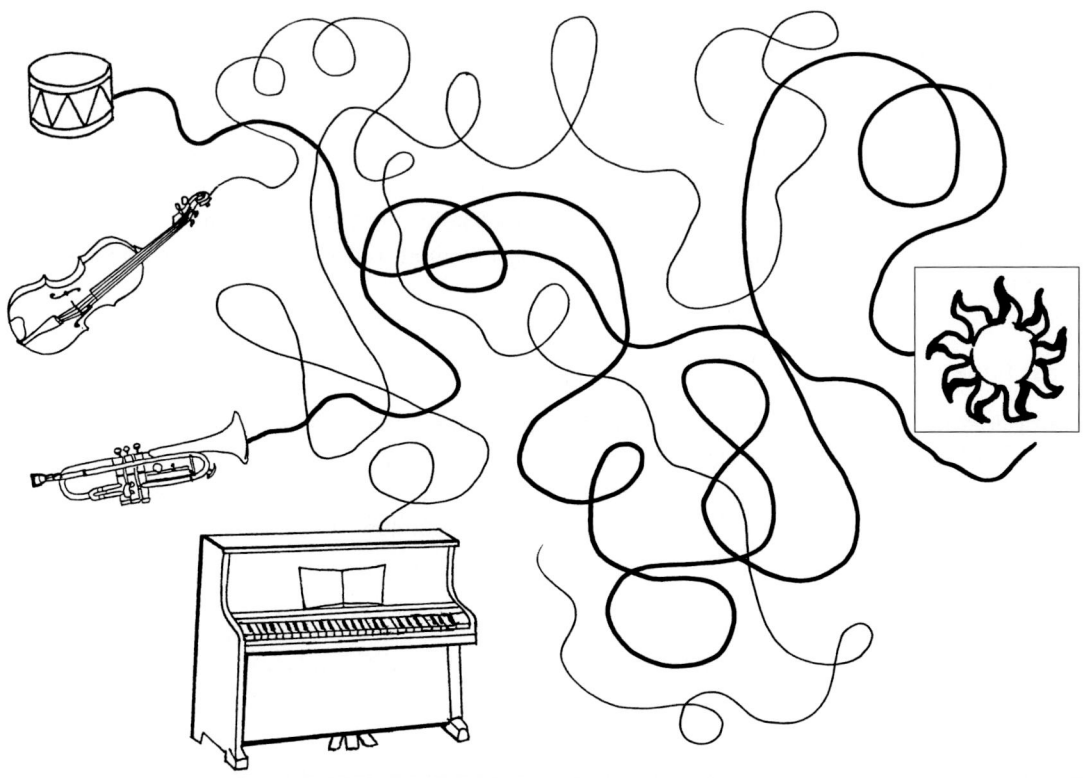

9. Arthur Honegger

Sprechstück von der Eisenbahn

LERNZIELE: – Unterscheiden von moderner Lokomotive und Dampflokomotive
– Erkennen und Nachahmen von Geräuschen einer Dampflokomotive
– Erarbeiten eines Sprechstücks

MATERIAL: Folie 1, Folie 2 (≙ Arbeitsblatt), evtl. Kassettenrekorder mit Mikrofon und Leerkassette, Hörbeispiel 33

HINWEISE: Zu dieser Unterrichtseinheit ist kein Tafelbild vorgesehen.

Unterrichtsverlauf

Einstimmung

Lehrer deckt Folie 1 (nur ICE) auf.
Impuls: „Diesen Zug hast du vielleicht schon einmal gesehen."
Schüler äußern sich.

Lehrerinformation: Der deutsche „Intercityexpress" = ICE ist ein Hochgeschwindigkeitszug. Er fährt auf normalen und auf eigens für ihn gebauten Gleisen und kann auf der Neubaustrecke eine Höchstgeschwindigkeit von 280 km/h erreichen.

Hinführung

Impuls: „Nicht immer sahen die Züge so aus wie heute!"
Lehrer deckt Folie 1 ganz auf.
Schüler beschreiben alte Züge und bringen Vorwissen ein.
Lehrer gibt Informationen zur Geschichte der Eisenbahn und zur Funktionsweise einer Dampflokomotive.

Information zur Geschichte der Eisenbahn

Die Erfindung der Dampfmaschine 1769 durch James Watt machte überhaupt erst Konstruktionsversuche von Lokomotiven möglich. Das Zeitalter der Eisenbahn begann schließlich, als eine von dem Engländer George Stephenson konstruierte Dampflokomotive zur Eröffnung der Strecke Darlington–Stockton im Jahre 1825 den Betrieb aufnahm. Im Jahr 1835 wurde eine nach Stephensons Plänen gebaute Lokomotive mit dem Namen „Adler" erstmals in Deutschland auf der Strecke zwischen Nürnberg und Fürth eingesetzt. In den folgenden Jahrzehnten breitete sich das Eisenbahnnetz über die ganze Welt aus. Nach dem 2. Weltkrieg kamen zunehmend auch die leichter zu bedienenden Elektro- und Dieselloks zum Einsatz, bis schließlich Ende der 70er-Jahre alle Dampflokomotiven in Deutschland aus dem Verkehr genommen waren.
Alte Dampfloks kann man heute zum Beispiel im Deutschen Museum in München oder im DB-Museum in Nürnberg besichtigen.

Information zur Funktionsweise einer Dampflokomotive

Damit eine Dampflokomotive fahren kann, muss der Heizer Kohlen in das Feuer im Ofen der Lok schaufeln. Die Hitze wird durch Röhren zum Kessel geleitet. Dort wird Wasser erhitzt, damit Dampf entsteht. Der Dampf strömt in einen Zylinder, wo er die Kolben mit den Verbindungsstangen zu den Rädern bewegt. Dadurch können die Räder angetrieben werden. Der Wasserdampf strömt anschließend zusammen mit dem Rauch aus dem Ofen durch den Kamin wieder aus. Im Tender, dem Wagen, der eng an die Lokomotive angekuppelt ist, wird der Vorrat an Kohlen und Wasser mitgeführt.
Die von Stephenson konstruierte Dampflok „Rocket" konnte etwa 50 km/h fahren, später gebaute Dampfloks wie der „Flying Scotsman" (1928) erreichten Geschwindigkeiten von 160 km/h und mehr.

Zielangabe: „Wir lernen ein Sprechstück, in dem wir die Geräusche einer alten Eisenbahn nachahmen."

Erarbeitung

Impuls: „Du weißt sicher, welche Geräusche eine alte Dampflok macht."
Einzelne Schüler ahmen Geräusche nach.
Hörauftrag: „Hör den Geräuschen der Dampflokomotive genau zu, damit du sie anschließend nachahmen kannst!"
Lehrer spielt Hörbeispiel 33 vor.
Schüler beschreiben das Gehörte, alle Schüler ahmen Geräusche mit der Stimme nach.

Lehrer deckt Folie 2 / Bild 1 auf:
Impuls: „Du siehst die Lokomotive vor der Abfahrt."
Schüler beschreiben: „Aus dem Kamin kommt Dampf, es zischt."
Arbeitsauftrag: „Ahme das Zischen mit der Stimme nach und sprich: ‚tsch–tsch–pff'!"
Alle Schüler sprechen mehrmals nach.
Arbeitsauftrag: „Der Zug steht, sprich ‚Eisenbahn, bleib stehn."
Alle Schüler sprechen mehrmals rhythmisch nach.

Impuls: „Wir können gleichzeitig ‚zischen' und sprechen."
Lehrer teilt Schüler in zwei Gruppen ein:
„Textgruppe" spricht „Eisenbahn, bleib stehn",
„Geräuschgruppe" spricht „tsch–tsch–pff".
Beide Gruppen zusammen sprechen jeweilige Textzeilen mehrmals gleichzeitig.
Lehrer spricht mit bzw. deutet mit der Hand den Rhythmus an.

Hinweis: Sollte sich das exakte gleichzeitige Beginnen der beiden Gruppen als zu schwierig erweisen, kann die „Textgruppe" zuerst einige Male allein sprechen, die „Geräuschgruppe" später dazu einsetzen.
Dieser Hinweis gilt auch für das rhythmische Sprechen zu Bild 2 und 3.
Impuls: Lehrer deckt Folie 2 / Bild 2 auf.
Schüler beschreiben: „Der Schaffner pfeift, der Zug fährt los und wird immer schneller."
Impuls: „Du kannst selbst lesen, wie wir zum zweiten Bild sprechen."
Schüler sprechen zuerst gemeinsam, dann in zwei Gruppen beide Textzeilen.

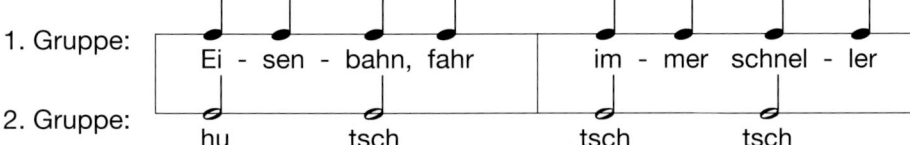

Impuls: Lehrer deckt Folie 2 / Bild 3 auf.
Schüler beschreiben: „Der Zug ist in voller Fahrt."
Impuls: „Du kannst selbst lesen, wie wir zum dritten Bild sprechen."
Schüler sprechen zuerst gemeinsam, dann in zwei Gruppen beide Textzeilen.

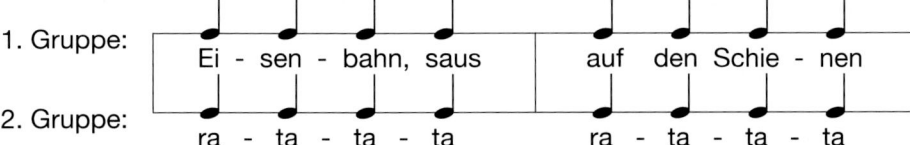

Impuls: „Wir können noch einmal das ganze Stück von der Eisenbahn sprechen."
Lehrer teilt Arbeitsblatt aus und wiederholt Einteilung in „Textgruppe" und „Geräuschgruppe".
Arbeitsauftrag: „Umrahme auf deinem Arbeitsblatt die Zeilen, die du sprechen sollst, farbig!"
Schüler umrahmen auf Arbeitsblatt.
Anschließend sprechen immer beide Gruppen gleichzeitig zu jedem Bild.
Lehrer zeigt Rhythmus und Einsatz zu jedem Bild an.

Ausklang

Zum Abschluss kann das gesamte Sprechstück auf Kassette aufgenommen, angehört und von den Schülern selbst beurteilt werden.

Folie 1

Stephensons „Rocket" (Rakete)

Personenzug aus dem Jahre 1831

amerikanische Dampflok um 1940

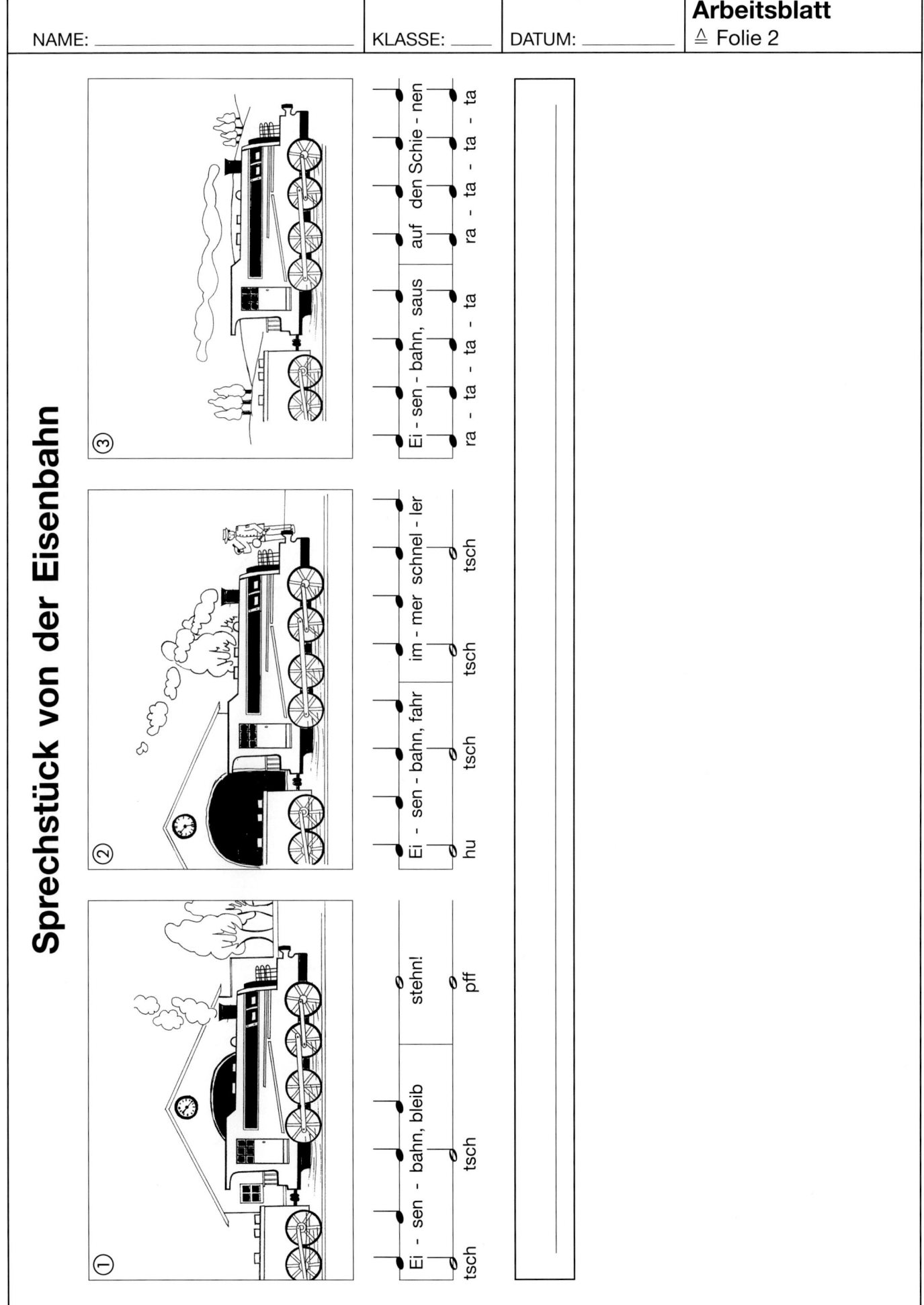

NAME: _____ KLASSE: _____ DATUM: _____

Arbeitsblatt ≙ Folie 2
Lösungsvorschlag

Sprechstück von der Eisenbahn

① Ei - sen - bahn, bleib stehn!
tsch tsch pff

② Ei - sen - bahn, fahr im - mer schnel - ler
hu tsch tsch tsch

③ Ei - sen - bahn, saus auf den Schie - nen
ra - ta - ta - ta ra - ta - ta - ta

„Pacific 231" von Arthur Honegger

Holzinger/Seeser/Walter/Karte: Vivaldi & Co.
© Auer Verlag

138

Musikhören: Pacific 231

LERNZIELE: – Begegnung mit dem Komponisten Arthur Honegger
– Zuordnen von Musikabschnitten zu Bildern und Umsetzen in Bewegung
– Zeichnen nach Musik

MATERIAL: Arbeitsblatt (aus 1. Unterrichtseinheit), Folien 1 und 2 aus 1. Unterrichtseinheit, Porträt von Arthur Honegger, Bilder 1–3 für die Tafel, Hörbeispiel 34

Unterrichtsverlauf

Anknüpfung

Lehrer deckt Folie 1 (aus 1. Unterrichtseinheit) auf.
Impuls: „Du kannst einiges über alte Eisenbahnen erzählen!"
Schüler wiederholen Gelerntes.

Impuls: Lehrer legt Folie 2 (aus 1. Unterrichtseinheit) auf.
„Du hast ein Sprechstück von der Eisenbahn kennengelernt!"
Schüler wiederholen Sprechstück.

Begegnung mit Werk und Komponist

Impuls: „Ein Komponist hat die Geräusche der Dampflok und das Fahren der Eisenbahn musikalisch dargestellt!"
Lehrer spielt Hörbeispiel 34 vor.
Schüler beschreiben Eindrücke.

Lehrerinformation: „Das Stück heißt ‚Pacific 231'."
Lehrer schreibt Titel an Tafel.
„Der Komponist heißt Arthur Honegger."
Lehrer heftet Porträt an Tafel und schreibt Namen unter den Titel.

Arbeitsauftrag: „Nimm dein Arbeitsblatt mit den Eisenbahnbildern! Trage den Titel und den Komponisten in die freie Zeile ein!"
Schüler ergänzen auf Arbeitsblatt.

Impuls: „Du erfährst nun etwas über den Komponisten und sein Werk."

Information zur Arthur Honegger

Arthur Honegger wurde 1892 als Sohn schweizerischer Eltern in Le Havre geboren. Seine Mutter bildete ihn schon früh in Gesang und Klavierspiel aus. Später besuchte er das Züricher Konservatorium und studierte anschließend in Paris weiter. Dort freundete er sich mit anderen bekannten Komponisten und Schriftstellern an.
Er schrieb unter anderem die Musik für Opern, Ballette, Filme und Hörspiele und arbeitete auch als Dirigent und Musikkritiker. Mit seiner Frau, der Pianistin und Komponistin Andrée Vaurabourg, unternahm er 1947 eine Reise nach Nord- und Südamerika. An den Folgen der Krankheit, die er sich dabei zuzog, starb er im Jahre 1955 in Paris.
Der sinfonische Satz „Pacific 231" wurde 1924 in Paris mit großem Erfolg erstmals in einem Konzert gespielt. Honegger war ein großer Liebhaber von Automobilen und Eisenbahnen. Er hat sein Werk „Pacific 231" nach einer ab 1920 in Amerika fahrenden schweren Dampflokomotive benannt. Mit seiner Komposition wollte er das Stehen der Dampflokomotive, das Anfahren und allmähliche Schnellerwerden und schließlich das Dahinrasen des Zuges musikalisch zum Ausdruck bringen.

Werkbetrachtung

Bewegen zur Musik

Lehrer heftet Bilder 1, 2, 3 nebeneinander an Tafel.
Impuls: „Unsere Bilder passen zur Musik von Arthur Honegger."
Schüler wiederholen:
Bild 1: Lok steht und zischt.
Bild 2: Lok fährt los und wird schneller.
Bild 3: Zug ist in voller Fahrt.
Impuls: „Du kannst dich zur Musik und zu unseren Bildern bewegen."
Arbeitsauftrag: „Erfinde zu jedem Musikabschnitt und dem dazugehörigen Bild passende Bewegungen!"
Schüler machen Vorschläge.

Arbeitsauftrag: „Überlege, wie du nur durch Armbewegungen
– das Ausströmen des Dampfes bei Bild 1,
– das langsame Bewegen der Räder bei Bild 2 und das schnelle Bewegen der Räder bei Bild 3 darstellen könntest!"
Schüler machen Vorschläge, zum Beispiel:
Musikabschnitt 1 Bild 1: Arme werden mehrmals nach oben gestreckt.
Musikabschnitt 2 Bild 2: angewinkelte Arme werden abwechselnd nach vorne ausgestreckt (zuerst langsam, dann schneller werdend).
Musikabschnitt 3 Bild 3: angewinkelte Arme werden sehr schnell abwechselnd nach vorne ausgestreckt.

Hinweis: Anfang und Ende der jeweiligen Abschnitte sind in dem Werk nicht eindeutig herauszuhören. Deshalb bleibt es dem Empfinden des einzelnen Zuhörers überlassen, wann genau „der Zug losfährt" bzw. „die volle Geschwindigkeit erreicht".

1. Hörauftrag: „Mach die passenden Armbewegungen, während du die Musik hörst! Berühre dabei kein anderes Kind!"
Lehrer spielt Hörbeispiel 34 vor.
Schüler führen Armbewegungen am Platz aus.

Zeichnen nach Musik

Impuls: „Du kannst zur Musik ‚Pacific 231' zeichnen, während du sie hörst."
Arbeitsauftrag: „Überlege, wie du das Pfeifen und Zischen der Lok, das langsame Anfahren des Zuges und das schnelle Dahinrasen darstellen könntest!"
Einzelne Schüler zeichnen unter die Bilder an die Tafel, zum Beispiel:

zum Beispiel:

 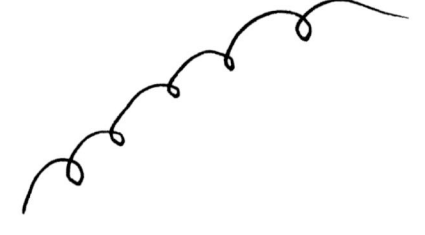 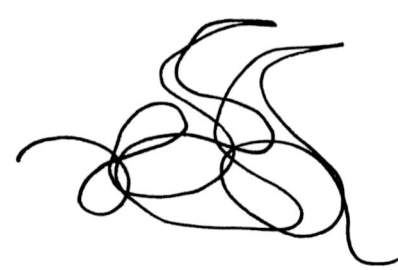

2. Hörauftrag: „Zeichne auf deinem Arbeitsblatt mit einem Buntstift unter das Bild, das zur Musik passt!"
Lehrer spielt Hörbeispiel 34 vor.
Schüler zeichnen auf Arbeitsblatt zur Musik.

Impuls: „Du hast zu den drei Bildern unterschiedlich gezeichnet."
Einzelne Schüler beschreiben eigene Zeichnungen.

Zusammenfassung

Impuls: „Du hast zur Musik gezeichnet und dich dazu bewegt. Die Bewegungen passen auch zu unserem Sprechstück von der Eisenbahn."
Arbeitsauftrag: „Mach die passenden Armbewegungen auch zu unserem Sprechstück!"
Schüler wiederholen Sprechstück und führen zu jedem Bild passende Armbewegungen aus.

Tafelbild

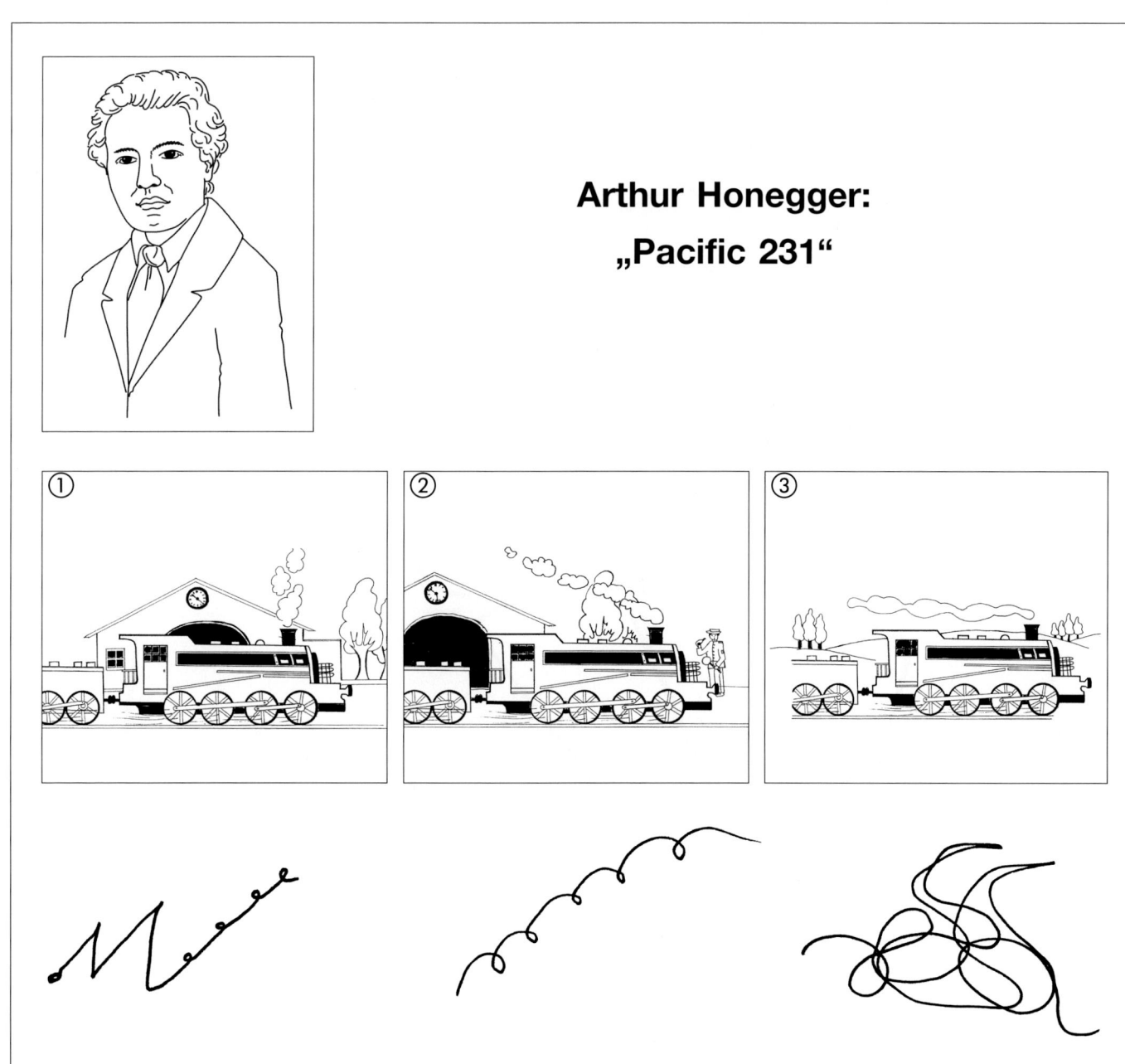

144

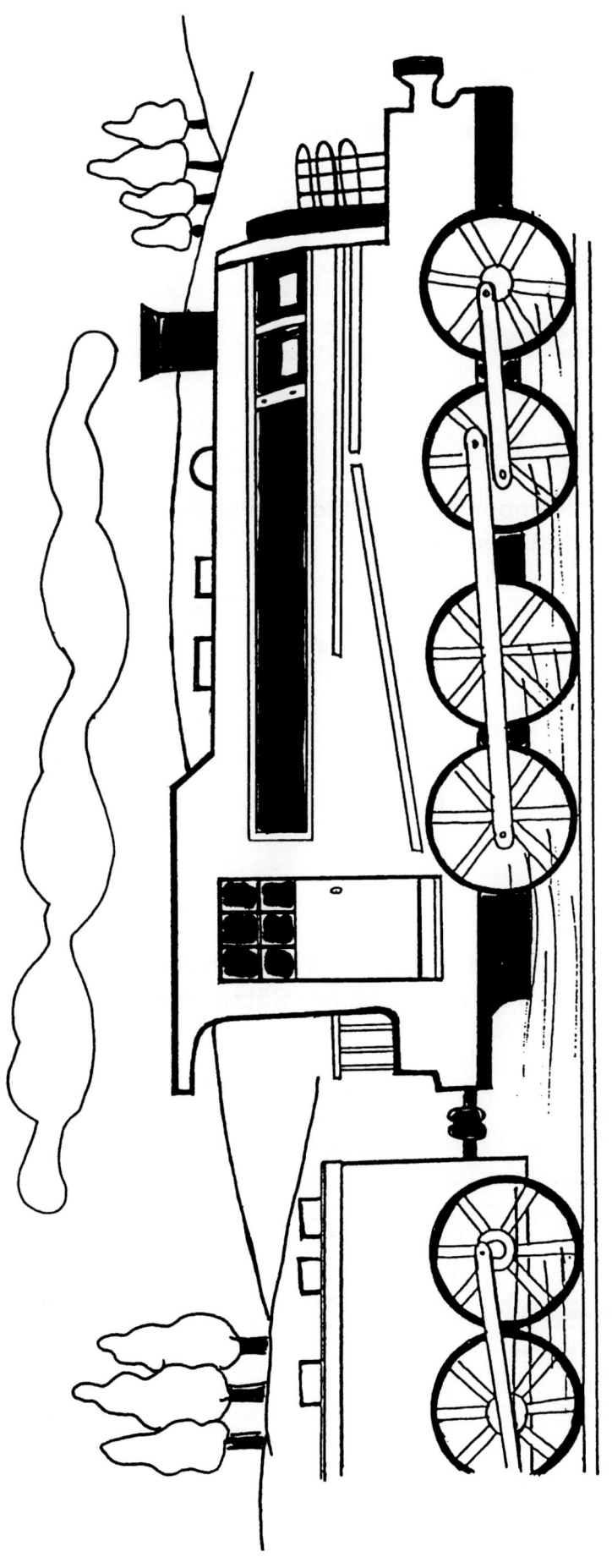

NAME: _____ KLASSE: _____ DATUM: _____ **Lernzielkontrolle**

Pacific 231

① Welches Bild passt zur Musik? Kreuze an!

② Wie heißt der Komponist des Stücks „Pacific 231"? Ordne die Buchstaben richtig!

_____ _____

③ Welche Sätze gehören zu unserem Sprechstück von der Eisenbahn? Zeichne die Linien zu den richtigen Sätzen farbig!

   Der ICE wird repariert!
                       Eisenbahn, bleib stehn!

   Eisenbahn, fahr immer schneller!
                       Im Speisewagen ist kein Platz frei!

 Eisenbahn, saus auf den Schienen!
                       Ich kauf mir eine Fahrkarte!

Lernzielkontrolle
Lösungsblatt

NAME: _____ KLASSE: _____ DATUM: _____

Pacific 231

① **Welches Bild passt zur Musik? Kreuze an!**

② **Wie heißt der Komponist des Stücks „Pacific 231"? Ordne die Buchstaben richtig!**

Arthur _Honegger_

③ **Welche Sätze gehören zu unserem Sprechstück von der Eisenbahn? Zeichne die Linien zu den richtigen Sätzen farbig!**

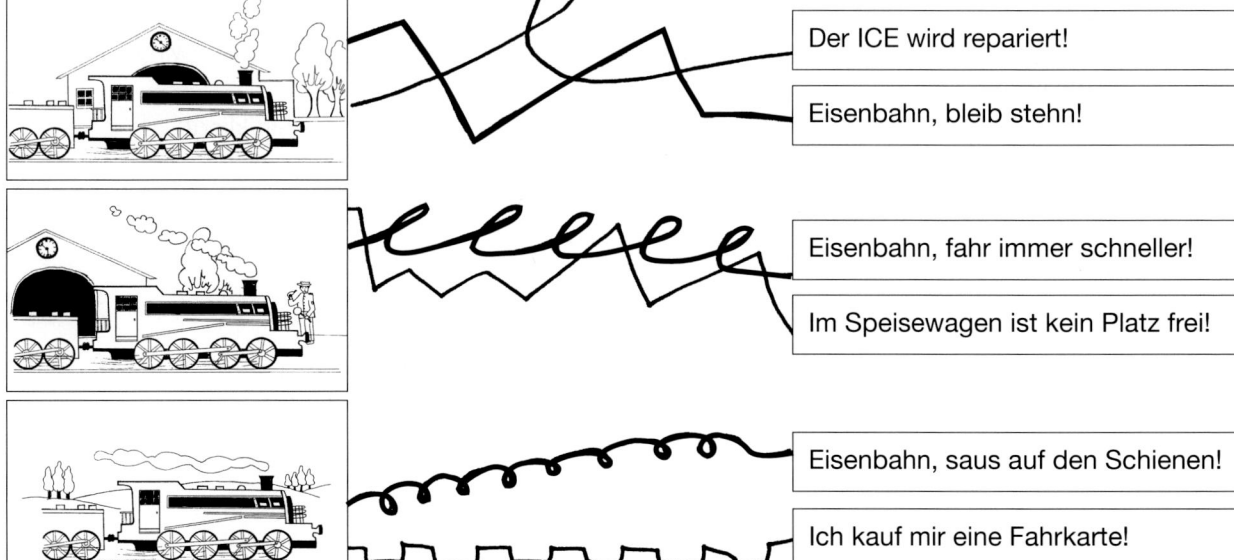

Der ICE wird repariert!
Eisenbahn, bleib stehn!
Eisenbahn, fahr immer schneller!
Im Speisewagen ist kein Platz frei!
Eisenbahn, saus auf den Schienen!
Ich kauf mir eine Fahrkarte!

10. Carl Orff

Liederarbeitung „Bim – bam, die Glocke schwingt"

LERNZIELE: – Unterscheiden von hohen und tiefen Glockenklängen
– Erarbeiten von Text und Melodie des Liedes
– Aufnehmen des Rhythmus durch Körperbewegung und Klatschen

MATERIAL: Arbeitsblatt (≙ Folie), hängendes Becken mit weichem Schlägel, Hörbeispiele 35, 36, 37

HINWEIS: Zu dieser Unterrichtseinheit ist kein Tafelbild vorgesehen.

Unterrichtsverlauf

Einstimmung

Lehrer schlägt über dem Kopf jedes Schülers sanft mit weichem Schlägel auf hängendes Becken und begrüßt dabei jeden Schüler mit seinem Vornamen.

Lehrerinformation: „Das Instrument heißt ‚hängendes Becken'."

Impuls: „Die Klänge des hängenden Beckens erinnern dich an Klänge, die du schon oft gehört hast."
Lehrer schlägt mehrmals auf Becken.
Schüler nennen „Kirchturmuhr, Glocken".

Zielangabe: „Wir lernen das Lied ‚Bim – bam, die Glocke schwingt'."

Unterscheidung von hohen und tiefen Klängen

Impuls: Lehrer spielt Hörbeispiel 35 und Hörbeispiel 36 vor.
Schüler beschreiben: „Es sind verschiedene Glocken zu hören."

Impuls: Lehrer deckt Bilder von Abschnitt 1 auf Folie auf.
Arbeitsauftrag: „Überlege, welche Glocken zu den Bildern passen!"
Lehrer spielt Hörbeispiel 35 und 36 noch einmal vor.
Schüler ordnen Bilder zu.
Lehrer deckt Sätze auf Folie auf und ergänzt erarbeitete Wörter: *Große – tief, Kleine – hoch*

Impuls: „Du kannst auch singen, wie die Glocken klingen, und dich dazu bewegen."
Schüler ahmen mit der Stimme verschieden hohe Glockenklänge nach und wiegen sich dabei hin und her.

Texterarbeitung

Lehrerinformation: „In unserem Lied klingt die große Glocke so: ‚Bim – bam, die Glocke schwingt'."
Schüler sprechen mehrmals nach.

Lehrerinformation: „Die kleine Glocke klingt so: ‚Ding, ding, dang, dong, das Glöcklein klingt'."
Schüler sprechen mehrmals nach.
Anschließend werden die beiden Textzeilen mehrmals hintereinander gesprochen.

Impuls: „Du weißt nun, wie die Glocken in unserem Lied klingen."
Lehrer deckt Abschnitt 2 auf Folie auf.
Arbeitsauftrag: „Ergänze die Wörter in unserem Lied!"
Schüler nennen „Bim – bam", „Ding, ding, dang, dong".
Lehrer ergänzt auf Folie.
Lehrer teilt Arbeitsblatt aus, Schüler ergänzen Abschnitt 1 und 2.

Melodieerarbeitung

Lehrer studiert Melodie mithilfe von Hörbeispiel 37 ein.
Zur Unterstützung können die Tonhöhen mitgedeutet werden.

Hinweis: Das Lied kann auch im Kanon gesungen werden: Gruppe 2 beginnt, wenn Gruppe 1 die erste Zeile gesungen hat.

Impuls: „Du kannst zu unserem Lied hin- und herschwingen wie eine Glocke."
Lehrer und Schüler singen Lied mehrmals und wiegen sich dabei hin und her.

Impuls: „So wie du hin- und herschwingst, kannst du zu unserem Lied auch klatschen."
Lehrer und Schüler singen, wiegen sich hin und her und klatschen auf Taktschwerpunkt (= erstes Viertel jedes Takts, siehe Markierung x im Notenbild auf Arbeitsblatt).

Ausklang

Impuls: „Du hörst die Klänge des hängenden Beckens an verschiedenen Plätzen im Klassenzimmer."
Arbeitsauftrag: „Schließ die Augen und zeig in die Richtung, aus der du das hängende Becken hörst!"
Lehrer oder ein Schüler bewegt sich leise im Raum und spielt auf Becken, übrige Schüler zeigen zur Schallquelle.

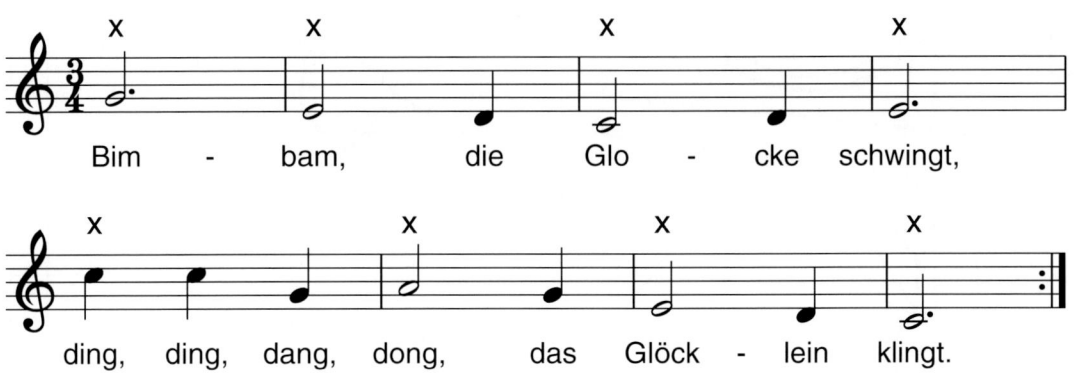

| NAME: | KLASSE: | DATUM: | **Arbeitsblatt** ≙ Folie |

① **Erkennst du die Glocken? Ergänze!**

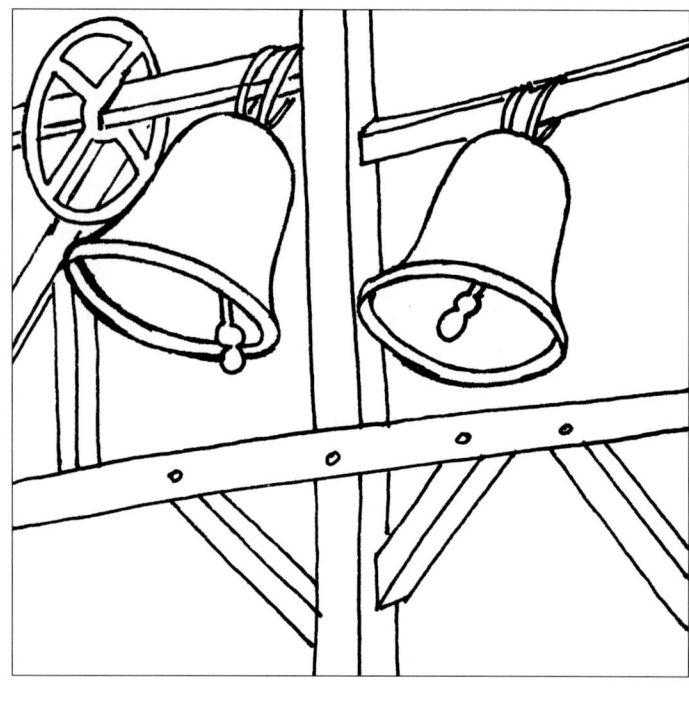

_____ Glocken _____ Glocken

klingen _____ .   klingen _____ .

② **Unser Lied: „Bim – bam, die Glocke schwingt"**
Ergänze!

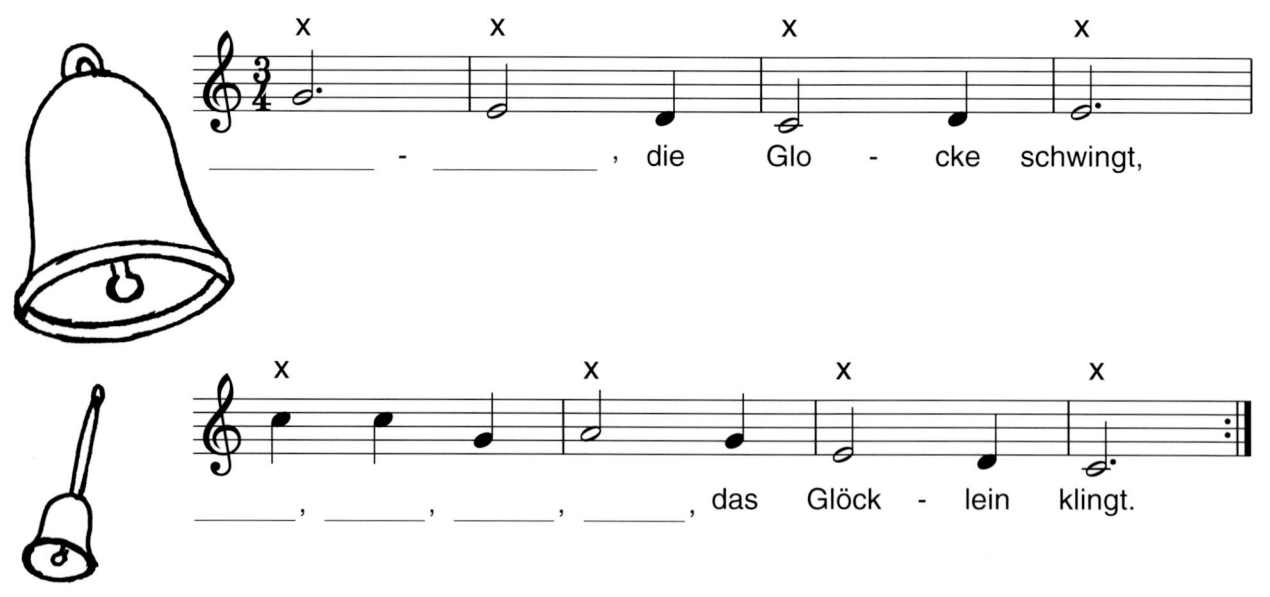

_____ - _____ , die Glo - cke schwingt,

_____ , _____ , _____ , _____ , das Glöck - lein klingt.

① **Erkennst du die Glocken? Ergänze!**

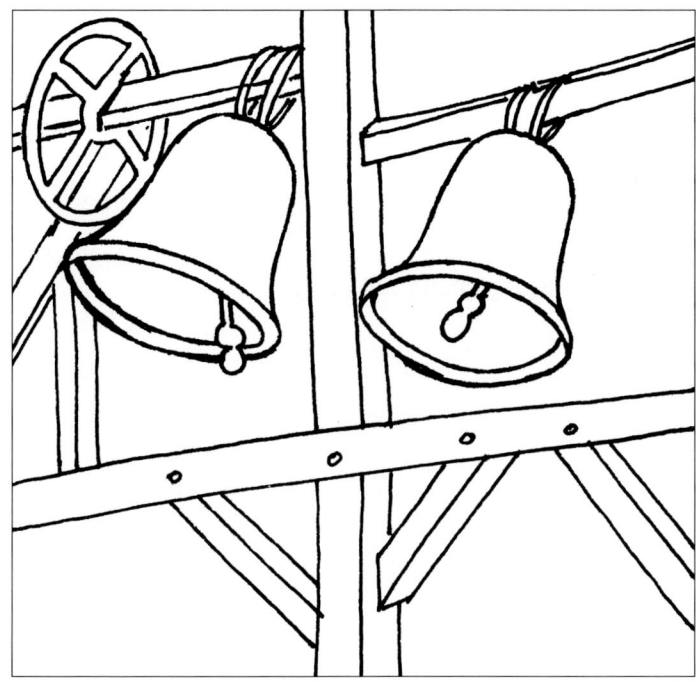

Große Glocken
klingen _tief_.

Kleine Glocken
klingen _hoch_.

② **Unser Lied: „Bim – bam, die Glocke schwingt"**
Ergänze!

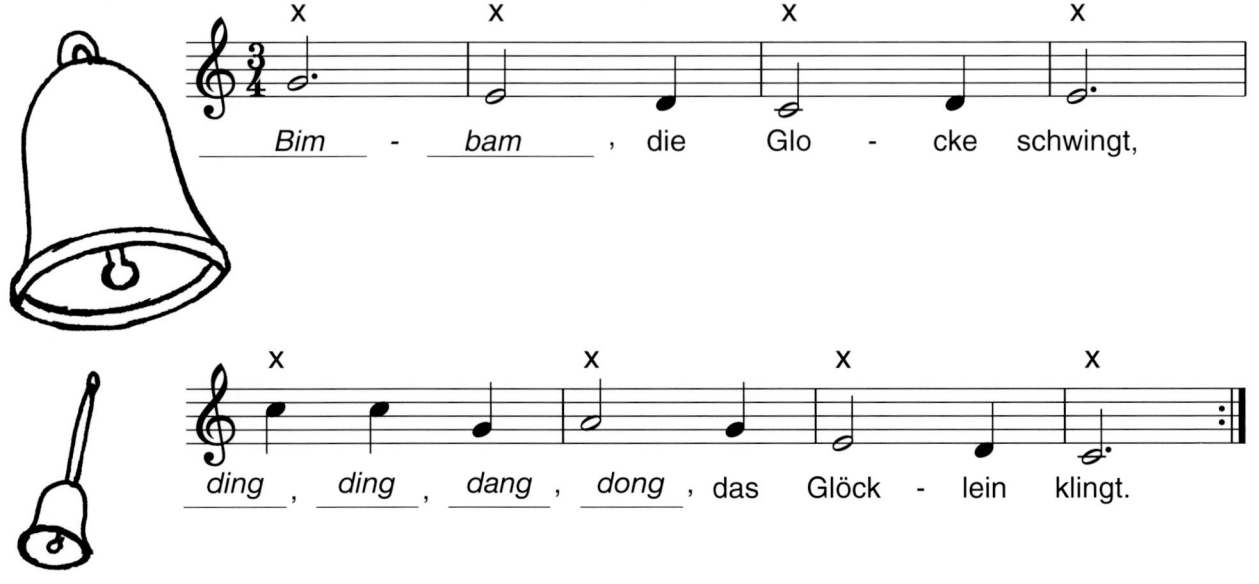

Bim - _bam_, die Glo - cke schwingt,

ding, _ding_, _dang_, _dong_, das Glöck - lein klingt.

Instrumentalbegleitung zum Lied „Bim – bam, die Glocke schwingt"

LERNZIELE: – Kennenlernen verschiedener Orff-Instrumente
– Erarbeitung einer Instrumentalbegleitung
– Spielen und Singen nach Bildpartitur

MATERIAL: Bilder 1, 2a, 2b, 3b (bitte vorher zerschneiden), 4 für die Tafel;
Orff-Instrumente: hängendes Becken mit weichem Schlägel, Rassel, Handtrommel, 1 Paar Klanghölzer; Stabspiele: Glockenspiele, Metallophone und Xylophone in unterschiedlichen Größen
Wichtig: Aus allen Stabspielen müssen alle „f"- und „h"-Stäbe herausgenommen werden.

HINWEIS: Der Unterrichtseinheit ist die Originalpartitur des Liedes aus „Musik für Kinder I" von Carl Orff und ein Gestaltungsvorschlag für eine differenziertere Liedbegleitung beigefügt.

Unterrichtsverlauf

Einstimmung

Lehrer schlägt über dem Kopf jedes Schülers vorsichtig auf hängendes Becken und begrüßt dabei jeden Schüler mit seinem Vornamen.

Anknüpfung

Impuls: „Wir haben über den Klang von Glocken gesprochen. Du hast dazu ein Lied kennen gelernt."
Schüler nennen Titel des Liedes.
Lehrer schreibt Titel an Tafel: *Bim – bam, die Glocke schwingt.*
Gemeinsames Singen des Liedes mit Hin- und Herwiegen und Klatschen.
Zielangabe: „Wir begleiten unser Lied mit Instrumenten."

Erarbeiten der Liedbegleitung

Lehrer stellt vorbereitete Instrumente vor.
Impuls: „Du kannst dir vorstellen, welche Instrumente gut zu Glockenklängen und unserem Lied passen."
Schüler benennen Instrumente und probieren sie aus.
Danach sollen alle Stabspiele ausgewählt werden, weniger passend sind Handtrommel, Rassel und Schlaghölzer.

Impuls: „Mit den ausgewählten Instrumenten können wir unser Lied begleiten."
Arbeitsauftrag: „Spiel zuerst in der Luft so, wie du zu unserem Lied geklatscht hast!"
Lehrer und Schüler singen und „schlagen" dabei in der Luft jeweils auf Taktschwerpunkt (= Markierung x im Notenbild).

Arbeitsauftrag: „Spiel auf deinem Instrument so, wie du in der Luft gespielt hast!"
Schüler verteilen sich auf die zur Verfügung stehenden Instrumente und schlagen mit zwei Schlägeln gleichzeitig auf Stabspiele.

Hinweis: Dabei ist es egal, welche Stäbe sie „treffen", da es durch die Herausnahme von „f"- und „h"-Stäben keine „falschen" Töne gibt (Pentatonik).
Lehrer und restliche Schüler singen.
Lehrer zeigt zusätzlich die Taktschwerpunkte für die Instrumentalgruppe an.

Spielen nach Bildpartitur

Impuls: „Wir haben unser Lied gesungen" – Lehrer heftet Bild 2a an Tafel – „und dazu auf Instrumenten gespielt!"
Lehrer heftet Bild 2b darunter an Tafel.
Schüler beschreiben Bilder: „Singende Kinder und Stabspiele"

Impuls: Lehrer heftet Bilder 1, 3a/3b, 4 an Tafel.
„Du kannst auf den Bildern sehen, wie wir jetzt zusammen musizieren wollen."
Schüler beschreiben Ablauf:
- „Instrumente spielen zuerst allein (Bild 1).
- Dann singen wir das Lied zweimal, während die Instrumente dazu begleiten (Bilder 2a/b und 3a/b).
- Danach spielen die Instrumente noch einmal allein (Bild 4)."

Lehrer teilt Schüler in Sänger- und Instrumentalgruppe ein.
Lehrer „dirigiert" Taktschwerpunkte und Einsätze, ein Schüler zeigt während des Musizierens auf entsprechendes Bild an der Tafel.

Tafelbild

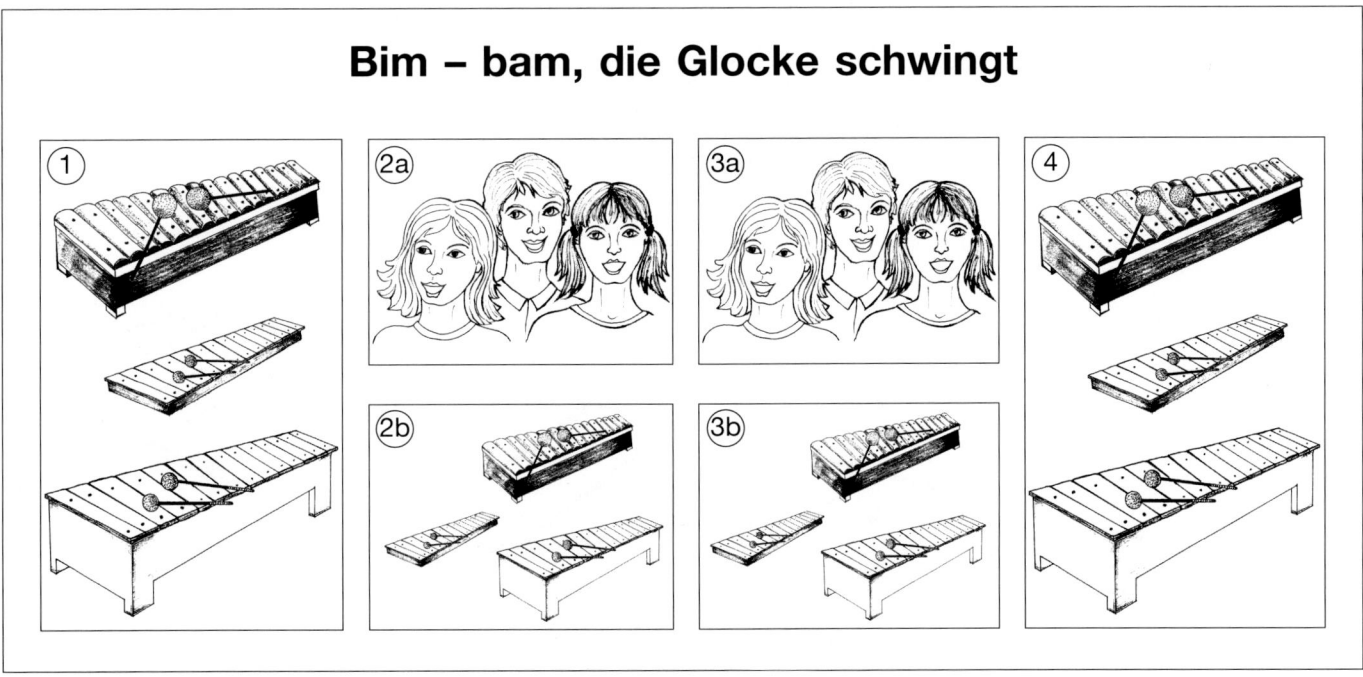

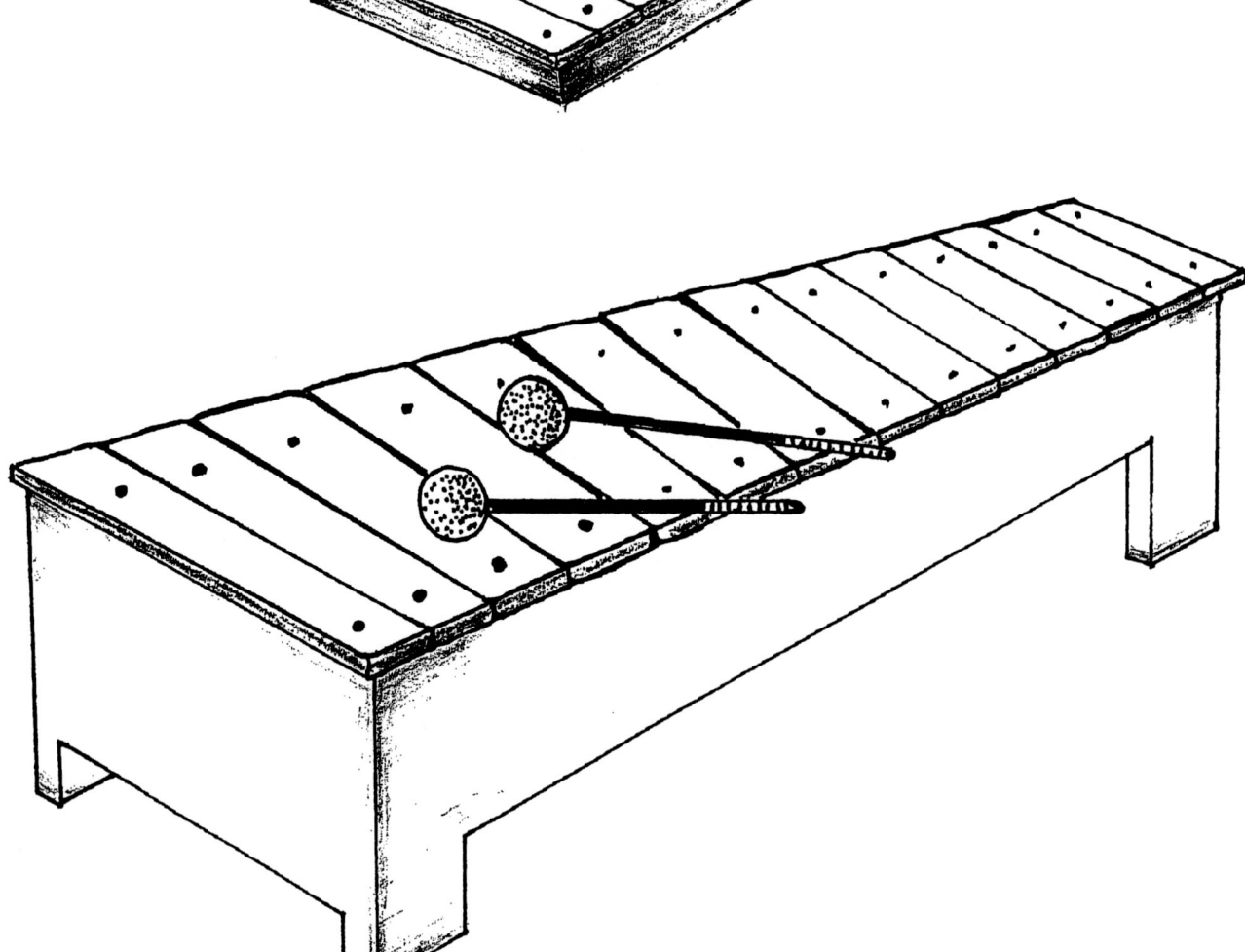

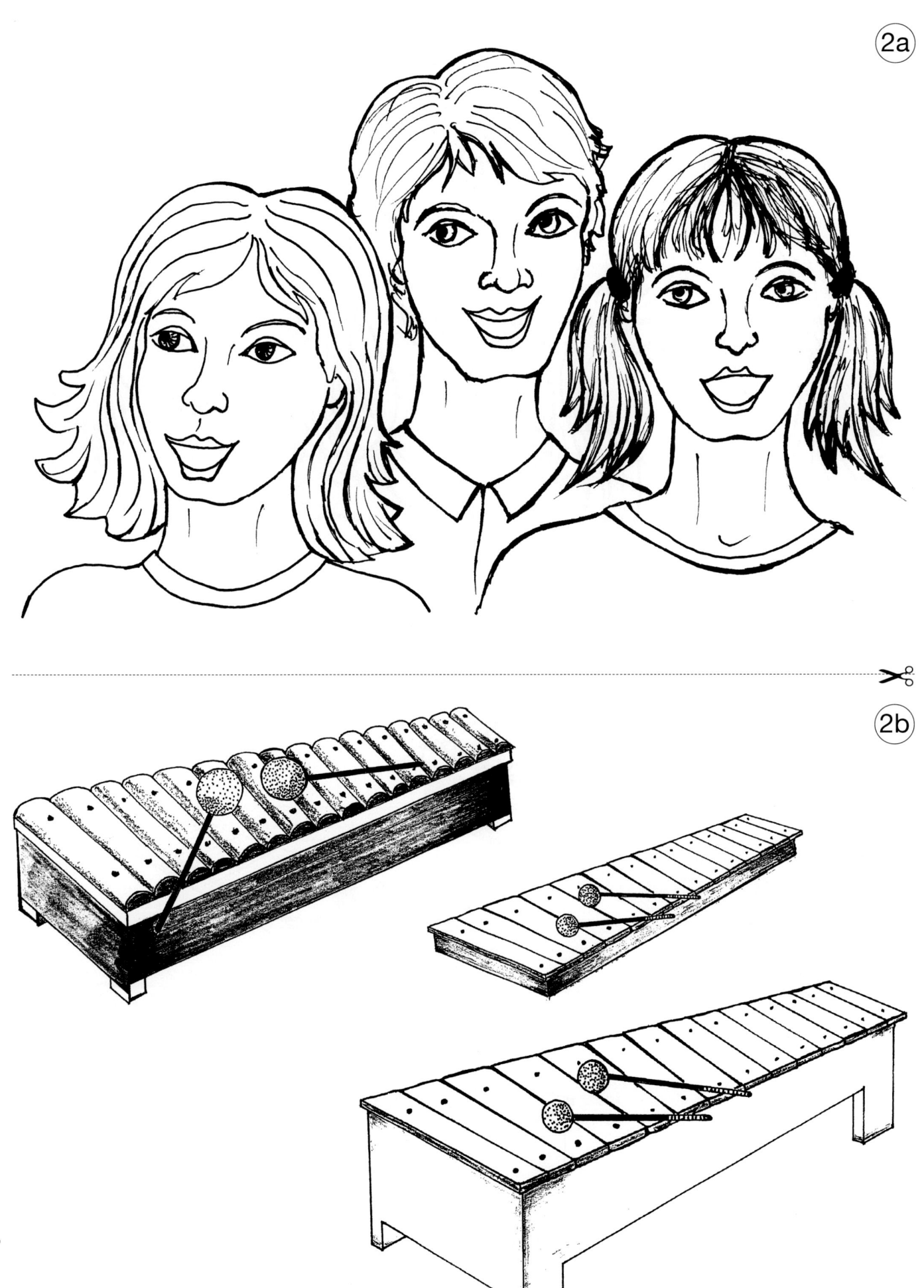

3a

3b

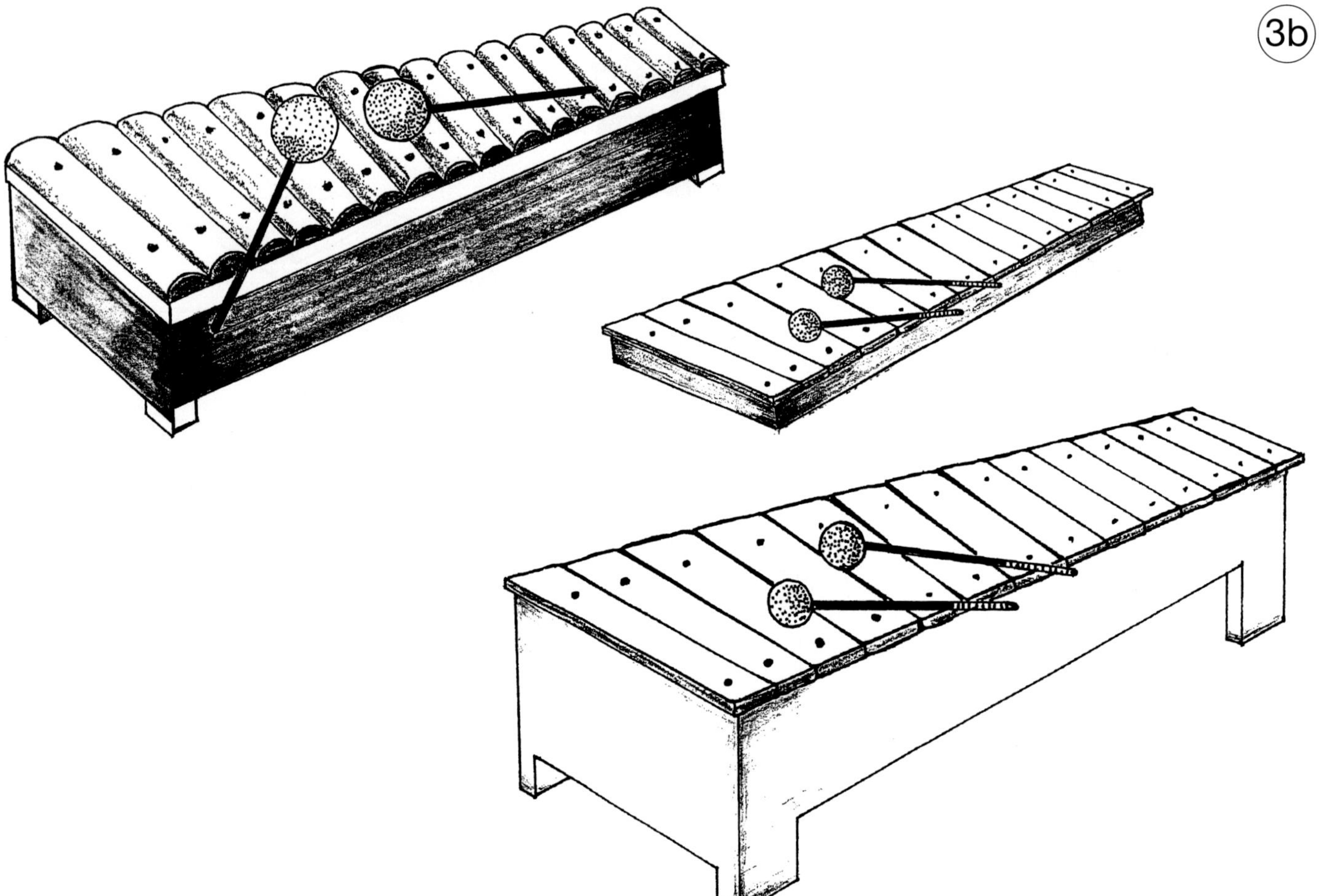

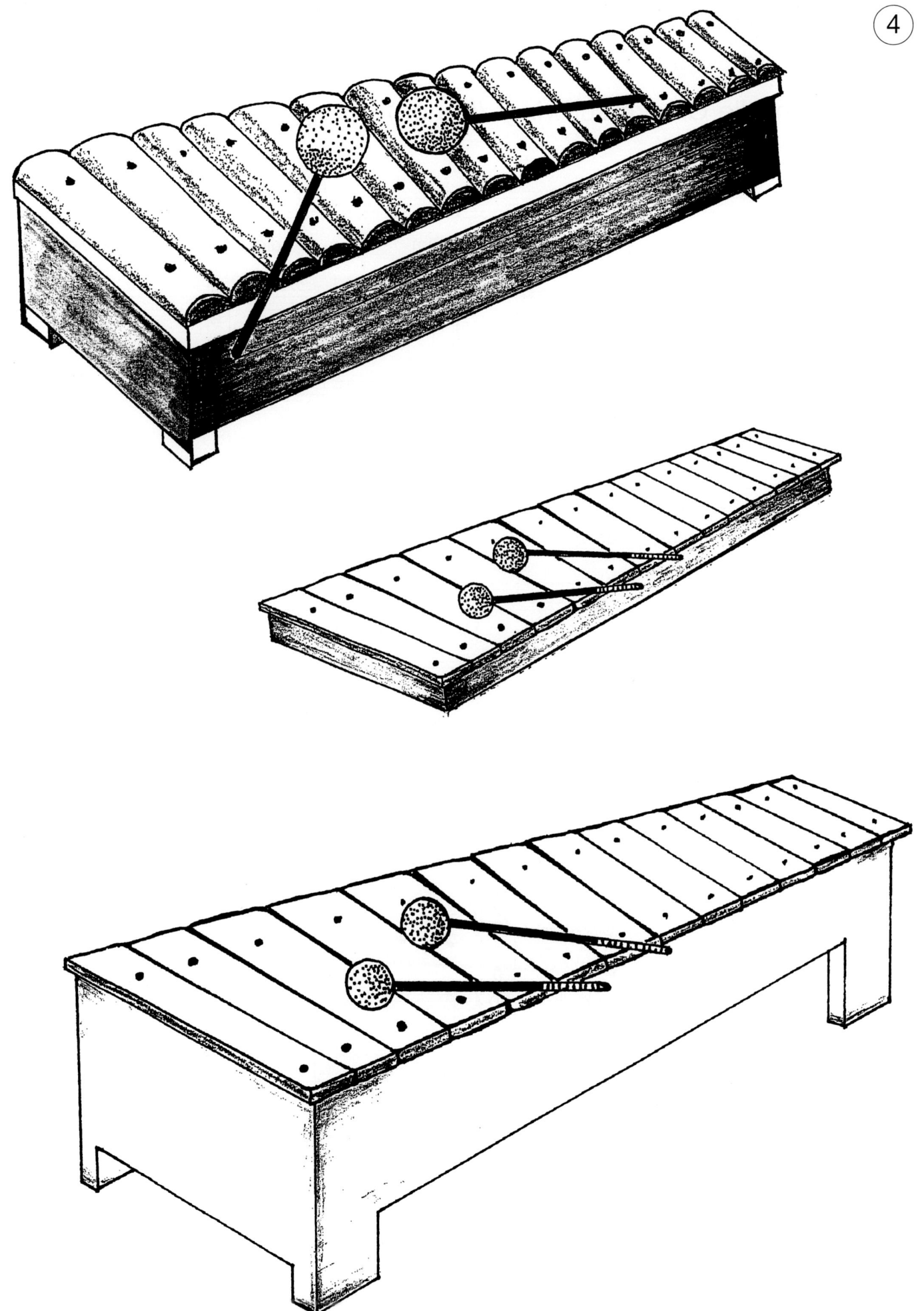

Originalpartitur aus „Musik für Kinder I" von Carl Orff

Bim – bam, die Glocke schwingt (Kanon)

Gestaltungsvorschlag für durchlaufende Liedbegleitung (= Ostinato):

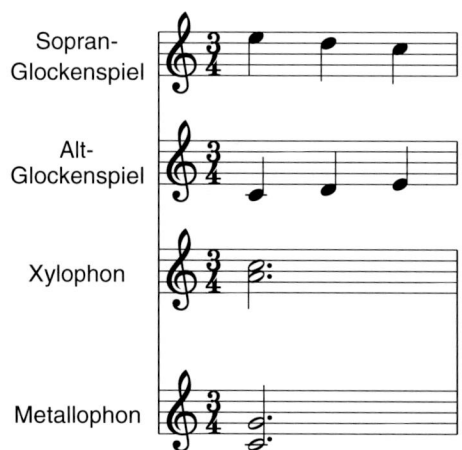

© 1950 Schott & Co. Ltd. London
© Reneweg 1978 B. Schott's Söhne, Mainz
Mit Genehmigung von Schott Music, Mainz

Musikhören: „Bim – bam, die Glocke schwingt"

LERNZIELE:
- Begegnung mit dem Komponisten Carl Orff
- Zuordnen von Musikabschnitten zu Bildern
- musikalische Gestaltung des Liedes nach Bildpartitur

MATERIAL: Porträt von Carl Orff, Bilder 1–4 für die Tafel (aus 1. Unterrichtseinheit), Bilder 5, 6, 7 für die Tafel
Orff-Instrumente: hängendes Becken mit weichem Schlägel, Stabspiele: Glockenspiele, Metallophone und Xylophone in unterschiedlichen Größen
Wichtig: Aus allen Stabspielen müssen alle „f"- und „h"-Stäbe herausgenommen werden.
Hörbeispiele 38 bis 41

Unterrichtsverlauf

Einstimmung

Impuls: „Du hörst die Klänge des hängenden Beckens an verschiedenen Plätzen im Klassenzimmer."
Arbeitsauftrag: „Schließ die Augen und zeig in die Richtung, aus der du das hängende Becken hörst!"
Lehrer oder ein Schüler bewegt sich leise im Raum und spielt auf hängendem Becken, übrige Schüler zeigen zur Schallquelle.

Anknüpfung

Impuls: „Die Klänge des hängenden Beckens erinnern dich an Glockenklänge. Du kennst ein Lied von den Glocken."
Schüler wiederholen den Titel.
Lehrer schreibt Titel an Tafel: *Bim – bam, die Glocke schwingt.*
Gemeinsames Singen des Liedes.
Zielangabe: „Du hörst heute, wie andere Kinder das Lied ‚Bim – bam, die Glocke schwingt' singen und spielen."

Begegnung mit dem Komponisten

Lehrerinformation: „Das Lied hat ein bekannter Komponist geschrieben. Nach ihm sind auch unsere ‚Orff'-Instrumente benannt."
Lehrer heftet Komponisten-Porträt an Tafel und schreibt *Carl Orff* unter den Liedtitel an Tafel.

Information zu Carl Orff

Carl Orff wurde 1895 in München geboren. Er war ein Kind musikalischer Eltern und versuchte bereits mit zwei Jahren allein am Klavier zu spielen. Als er mit acht Jahren zum ersten Mal ein Konzert besuchen durfte, war er von der gehörten Musik vollends begeistert. Er begann eigene Stücke zu komponieren und wurde schon als junger Mann Kapellmeister.
Im Jahre 1950 erschien der erste Band des „Orff Schulwerk. Musik für Kinder." Darin hatte Orff Verse und Kinderlieder aufgeschrieben und sich einfache Musikbegleitung dazu ausgedacht. Speziell dafür ließ er Instrumente, die ursprünglich in afrikanischen Ländern gespielt wurden, nachbauen. Alle Kinder sollten dadurch die Möglichkeit haben, miteinander zu musizieren. Auch das Lied „Bim – bam, die Glocke schwingt" stammt aus der „Musik für Kinder".
Carl Orff starb 1982 in München. Seine Musik jedoch lebt in den häufig aufgeführten Kompositionen und den von Kindern musizierten Stücken des Schulwerks weiter.

Werkbetrachtung

Hinweis: Die Instrumentalbegleitung des Hörbeispiels ist nicht identisch mit der von den Schülern erarbeiteten Begleitung. Die Schüler können darauf hingewiesen werden, dass die Kinder auf der CD etwas anders musizieren als sie selbst.

Impuls: „Carl Orff hat unser Lied von Kindern musizieren lassen."
1. Hörauftrag: „Hör genau zu und zähle, wie oft das Lied gesungen wird!"
Lehrer spielt Hörbeispiel 38 vor.
Lösung: Das Lied wird zweimal gesungen.
Lehrer heftet entsprechend Bilder 2a und 3a an Tafel.

2. Hörauftrag: „Steh auf und wiege dich wie eine Glocke hin und her! Sing das Lied mit, wenn du es hörst!"
Lehrer spielt Hörbeispiel 38 vor.
Schüler singen und wiegen sich hin und her.

3. Hörauftrag: „Wiege dich wie eine Glocke hin und her! Hebe die Hand, wenn du die Orff-Instrumente hörst!"
Lehrer spielt Hörbeispiel 38 vor.
Schüler heben während des ganzen Hörbeispiels die Hand und beschreiben anschließend:
„Zuerst spielen die Instrumente allein, dann zum Gesang, dann wieder allein."
Lehrer heftet Bilder 1, 2b, 3b und 4 an die Tafel.

4. Hörauftrag: „Hör genau zu! Die Kinder singen das Lied noch einmal auf eine besondere Art."
Lehrer spielt Hörbeispiel 39 vor.
Schüler beschreiben: „Kinder singen durcheinander."
Lehrer nennt Begriff „mehrstimmig" (statt „durcheinander") und heftet Bild 5 an Seitentafel.

Impuls: Lehrer heftet auch Bild 6 und 7 zu Bild 5 an Seitentafel (ungeordnet).
5. Hörauftrag: „Hör genau zu und überlege, in welcher Reihenfolge diese drei Bilder zu den anderen gehängt werden sollen!"
Lehrer spielt Hörbeispiel 40 vor.
Schüler beschreiben das Gehörte und nennen die Reihenfolge 5/6/7 für die Bilder.

Impuls: „Du hörst die ganze Aufnahme des Liedes."
6. Hörauftrag: „Wiege dich wie eine Glocke hin und her und zeige mit den Fingern die Nummer des Bildes, das zum jeweiligen Musikabschnitt passt."
Lehrer spielt Hörbeispiel 41 vor, Schüler zeigen Bildnummern an.
Ein Schüler deutet dabei an Bildern an der Tafel mit.
Dieser Hörauftrag kann nach Belieben wiederholt werden.

Liedgestaltung nach Bildpartitur

Impuls: „Wir selbst können das Lied in der Reihenfolge der Bilder noch einmal singen und spielen! Ein Bild ist etwas schwierig für uns."
Schüler nennen Bild 5 (= „mehrstimmig").
Lehrer nimmt Bild 5 von der Tafel.
Schüler singen und spielen entsprechend der Bildpartitur ohne Bild 5.

Vergleich/Wertung

Schüler vergleichen das gehörte Werk mit eigener Liedgestaltung.
Hinweis: Musikalisch geübte Klassen können zum Abschluss auch direkt zur Originalaufnahme musizieren.

Tafelbild

mehrstimmig

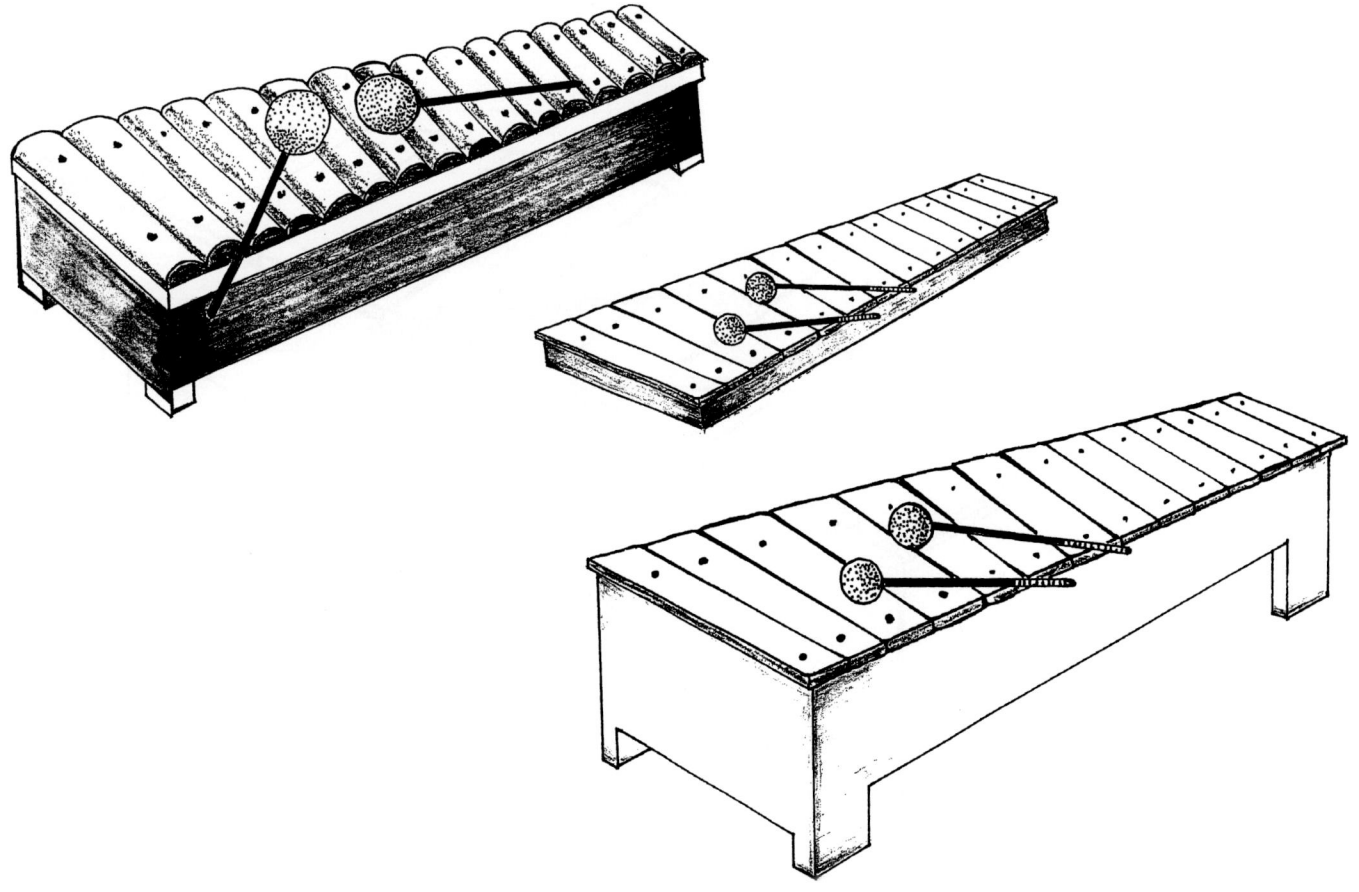

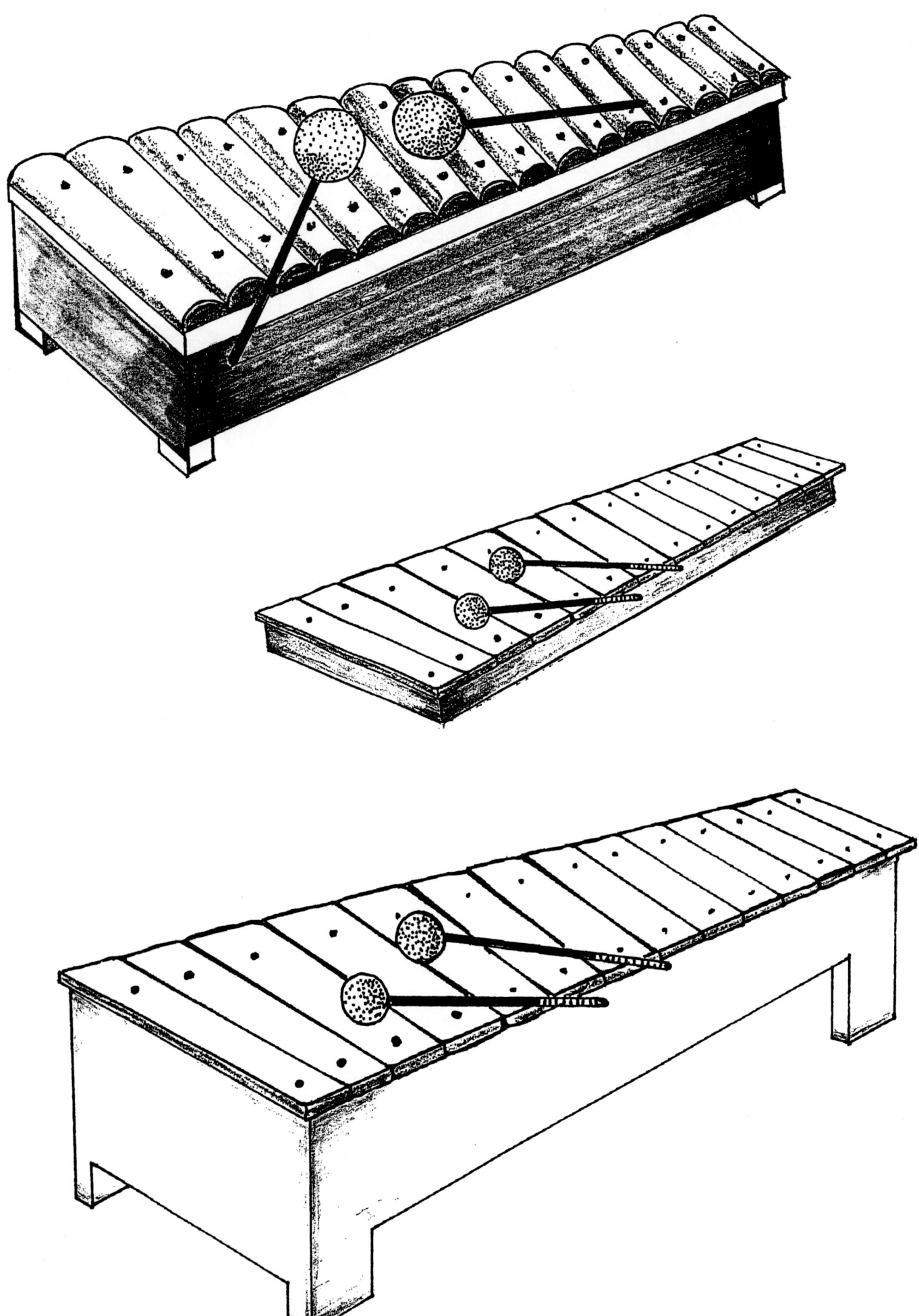

„Bim – bam"

Bim – bam, die Glocke schwingt

① **Wie heißt der Komponist? Ordne die Buchstaben!**

Der Komponist des Liedes heißt

_____ _____ .

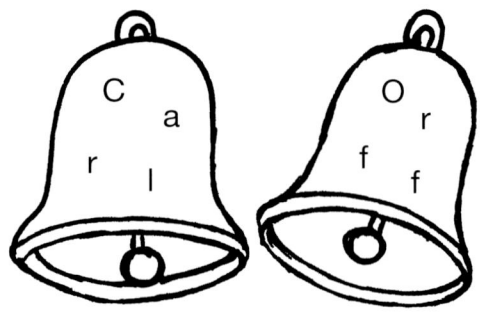

② **Wie klingen die Glocken? Ergänze!**

_____ Glocken klingen _____ .

_____ Glocken klingen _____ .

③ **Mit welchen Instrumenten wird das Lied begleitet? Kreuze an!**

Rahmentrommel

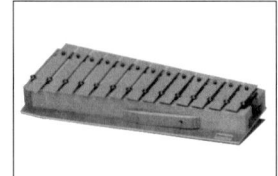
Glockenspiel

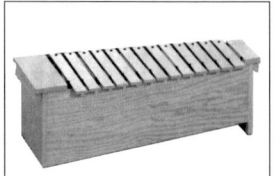
Metallophon

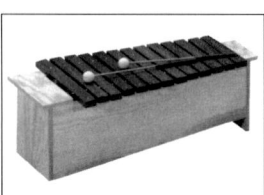
Xylophon

Rassel

Klanghölzer

④ **Welches Bild passt nicht zu unserem Lied „Bim – bam, die Glocke schwingt"? Streiche es durch!**

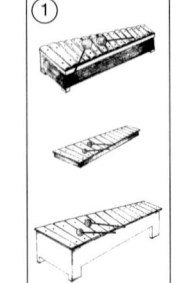
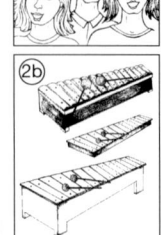

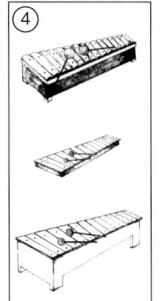

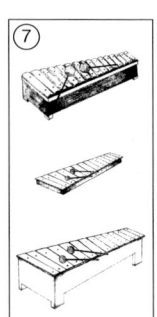

Lernzielkontrolle
Lösungsblatt

NAME: _____ KLASSE: _____ DATUM: _____

Bim – bam, die Glocke schwingt

① **Wie heißt der Komponist? Ordne die Buchstaben!**

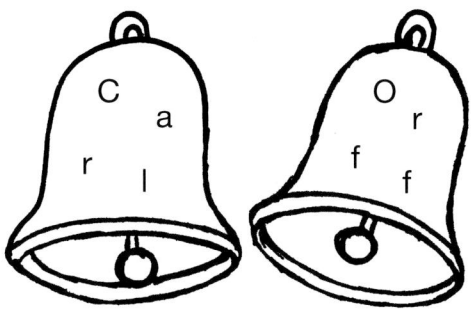

Der Komponist des Liedes heißt ___Carl___ ___Orff___.

② **Wie klingen die Glocken? Ergänze!**

___Große___ Glocken klingen ___tief___.

___Kleine___ Glocken klingen ___hoch___.

③ **Mit welchen Instrumenten wird das Lied begleitet? Kreuze an!**

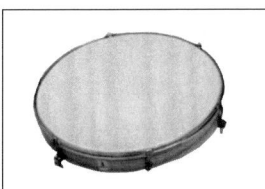 ○
Rahmentrommel

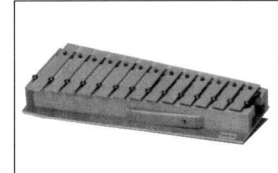 ⊗
Glockenspiel

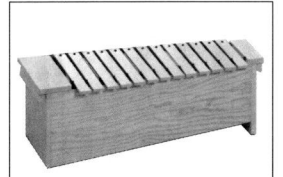 ⊗
Metallophon

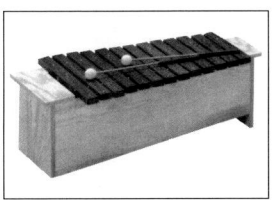 ⊗
Xylophon

 ○
Rassel

 ○
Klanghölzer

④ **Welches Bild passt nicht zu unserem Lied „Bim – bam, die Glocke schwingt"? Streiche es durch!**

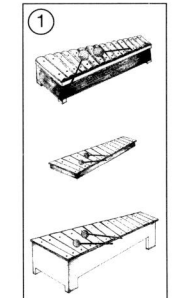

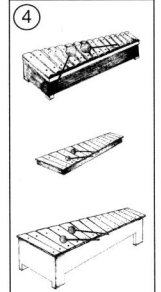

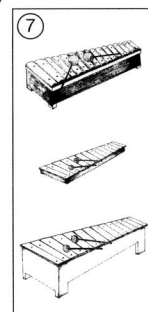

Alle Unterrichtsmaterialien

der Verlage Auer, AOL-Verlag und PERSEN

jederzeit online verfügbar

lehrerbuero.de
Jetzt kostenlos testen!

 lehrerbüro

Das **Online-Portal** für Unterricht und Schulalltag!